科学取向的
语文"导教"策略与实践

——以认知心理学为基础

黎小敏　编著

本书编委会

黎小敏　罗丽佳　沙　晶　彭吉思
陈　莉　杨　芳　莫　莉　徐建峰
黎桂宁　罗　建　黄　皓

广东高等教育出版社
Guangdong Higher Education Press
·广州·

图书在版编目（CIP）数据

科学取向的语文"导教"策略与实践：以认知心理学为基础 / 黎小敏编著.
—广州：广东高等教育出版社，2024.9
ISBN 978-7-5361-7593-8

Ⅰ．①科…　Ⅱ．①黎…　Ⅲ．①语文教学—教学研究　Ⅳ．① H19

中国国家版本馆 CIP 数据核字（2024）第 019164 号

KEXUE QUXIANG DE YUWEN "DAOJIAO" CELÜE YU SHIJIAN
—— YI RENZHI XINLIXUE WEI JICHU

出版发行	广东高等教育出版社
	地址：广州市天河区林和西横路
	邮编：510500　　营销电话：（020）87553735
	网址：http://www.gdgjs.com.cn
印　　刷	佛山市浩文彩色印刷有限公司
开　　本	787 mm × 1092 mm　1/16
印　　张	13
字　　数	251 千字
版　　次	2024 年 9 月第 1 版
印　　次	2024 年 9 月第 1 次印刷
定　　价	40.00 元

在变动不居的世界中坚守语文教育的真谛

陈跃红①

我和黎小敏老师 10 多年前就已经认识，当时他在广东实验中学分管高三毕业班并担任语文老师。在交流中我了解了他丰富多彩的工作经历和优异的教学业绩。尤其难能可贵的是，他在肩负繁重的行政管理和教学工作的同时，还能坚持做教学研究工作。

2016 年秋天，我应邀到南方科技大学主持学校人文社科学院的创建工作。人生真是何处不相逢，几年后的 2020 年春，黎老师也从广州来到深圳，参与创办南方科技大学附属中学。这样我们就多了许多来往。我曾经几次去附中做讲座，我们聊过不少关于基础教育的话题。今年他的新作要出版，邀请我写个序，一时盛情难却，只得应允。想想也是，我在北京大学中文系学习工作近三十年，还担任过十多年的系主任和副主任，所从事的主业自然和黎小敏老师的语文教育领域密切相关，加之他和他的团队所探索的"科学取向"教学实践，与我在南方科技大学倡导的新文科和科技人文方向不谋而合，在人工智能技术重构知识生产和教育方式的今天，重新审视和探索语文教育的内容以及方法的创新可能，值得提倡。

纵览全书，感觉有不少特点：首先，主题内容始终尝试聚焦语文教育在诗性、理性与科学性的辩证关系，深信语文世界是一个"诗意盎然"与"理性客观"交织的领域，并试图通过这种矛盾的统一，揭示语文教育的本质。南方科技大学人文学院在推进新文科建设的实践中，尤其强调科技理性与人

① 陈跃红，南方科技大学讲席教授，人文社会科学学院院长，人文科学中心主任，未来教育研究中心主任，全球城市文明典范研究院副院长。曾任北京大学校务委员，北京大学中文系主任（2012—2016），人文特聘教授，国务院政府特殊津贴专家（2015），中国比较文学学会副会长，跨学科研究分会会长等职务。

文思维跨学科融合的重要性，如果我们从中学的基础教育开始训练学生的这种思维习惯，对于现代青少年的成长大有裨益。

其次，书稿的内容和行文叙事，处处体现出黎小敏老师和他的同事那种甘于承受寂寞孤独，积极探索教育创新的精神，这恐怕也是所有教育创新者的共同境遇。在功利主义盛行的时代，坚持基础教学的探索如同在风雨中守护一盏孤灯。但正是这种坚守，孕育了真正的教育智慧。从孔子的周游列国到朱自清在战火中编纂教材，教育者的精神传承从来不是群体的狂欢，往往是个体在孤独沉思中迸发的星火。黎小敏老师团队的难得之处，在于他们既保持着对教育传统的敬畏，又始终以批判性眼光审视既有的教学模式。这种"守正创新"的姿态，也正是南方科技大学特色人文教育的精神所在。

再次，与时俱进。在今天这个智能社会，语文教育面临诸多冲击和挑战，也如黎小敏老师所说的有千万种"可能性与不确定性"，这堪称清醒而深刻的判断。当技术能够替代和超越知识记忆以及进行模式化写作时，真正的语文素养的习得更应凸显人的主体性——批判性思维、情感共鸣能力、文化解码智慧，这些是目前机器还无法简化的"人的维度"，也正是语文教育不可替代的价值所在。

末了，还有一点值得一提，黎小敏老师从教 30 多年，本书的研究据说也历时 10 多年，但他们在研究中能够意识到个体作用的有限和系统的功能关系，意识到任何单一的教学法都不可能成为唯一普世良方，真正的教育创新，需要构建多元共生的生态体系。南方科技大学特色文科的建构，也强调"多学科交叉、文理工融合"，营造这种教育生态对语文教育尤为重要。书中可以看到教学团队的探索既有成功案例，也有反思教训，由此便能理解教育研究不是寻找标准答案的竞赛，而是持续迭代的进化过程。每个课堂都是独特的生态系统，教师是文化的诠释者，是学生成长的引路人，更是教学实验的设计师和创新者。这种多重身份的融合，本身就意味着教师需要有不断探索、创新教育方式方法的持续努力。

总之，黎小敏老师及其团队的探索，不仅留下了可供借鉴的教学范式，更展现了一种教育精神：在技术狂飙的时代保持人文定力，在标准化的浪潮中寻求个性生长，在即时满足的诱惑里坚持长期价值。值此书付梓之际，谨以里尔克的诗句与所有教育同仁共勉：未来闯入我们的当下，只为催促我们蜕变。愿此书作为一粒火种，点燃更多教育者对语文教育本质的思考，在变革的洪流中，共同守护那份属于语文教育的温暖与光芒。

2024 年暑期于深圳塘朗山下大沙河畔南方科技大学校园

自　序

人民教育家、特级教师于漪说："上课的质量，影响到孩子生命的质量。"

课堂，是学校教育教学工作的主阵地，是教师与学生生命互动、成长的主阵地。课堂教学的质量，不仅影响到学生的生命质量，还会直接影响到教师的生命质量。因此，要实现基础教育的高质量发展，建成高质量教育体系，必须首先培养高素质、专业化、创新型的教师队伍，以有效提高课堂教学的质量。

党的二十大明确提出了到2035年建成教育强国的宏伟目标。宏伟的目标，离不开素质精良的教师队伍，离不开教育教学的主阵地——课堂。只有高质量的课堂教学，才能确保学校教育的高质量发展，才能确保实现教育强国的宏伟目标。

作为一线语文教师，我们如何才能实现高质量的语文课堂教学？这是我从教30多年，尤其是近10多年一直在思考和研究的问题。

回首我任教初中语文、高中语文和大学"语文教育学"等课程的30多年，时光恍如一瞬，"子在川上曰：逝者如斯夫！"在感叹时光飞逝之余，我努力地想，这么多年的语文教学实践与思考，能否给我的同行尤其是年轻教师留下一点什么？

从1993年走上讲台开始，我前十年的语文教学，主要在传统应试教育的领域耕耘，所教学生的语文中考、高考成绩非常突出，本来也可以很满足，一如既往、按部就班地工作下去。但是，我阅读了叶圣陶、吕叔湘、于漪、余应源、魏书生、钱梦龙等老师的文章后，开始反思自己的语文教学工作，发现自己的日常工作主要就是在教一篇篇的课文、做一张张的试卷、讲一套套的题目……却不明白我为什么要这样做，不明白语文教学、语文课程在学生的各科学习中究竟有何深刻的意义和价值，尤其是不明白为什么学生跟着老师学了10多年的语文，高中毕业了，还是摸不着语文学习的门道，不会阅读和写作。

和许多同行一样，"越教，感觉越不会教"，疑惑重重，于是在工作的第十个年头，我选择了报考研究生，重回大学课堂进行系统学习。工作十年，放下备课、改作业、做试卷、批作文等等这些繁重的事务，幸运地又回到了大学校园。回到大学校园的感觉真好啊！带着十年宝贵的工作经验，重回大学课堂，重读语文教育学、语文教材教法、教育学、教育学原理、教育心理学、教育社会学、教育哲学、教育经济学、教育科学研究方法、中外教育史等书籍及各类学术期刊……我如饥似渴、如饮甘泉、豁然开朗，原来自己在工作中遇到的诸多困惑，前辈们几乎都已经思考过、研究过，甚至解决过。我不禁质问自己：当年读大学时，怎么就没感觉呢！看来，读书需要有一定的工作经历才好。在大学的研究生教室里，我静静地听讲、思考、阅读、做笔记、写心得、写论文……窗外，茂密的树林随着四季的流转而悄悄变换着色彩，我犹如置身于欧阳修笔下的意境中——"野芳发而幽香，佳木秀而繁阴，风霜高洁，水落而石出者，山间之四时也。朝而往，暮而归，四时之景不同，而乐亦无穷也。"尤其是冬天，窗外，林间雪花飞舞，"白雪却嫌春色晚，故穿庭树作飞花"，给我的研究生生涯镀上了一层浪漫美好的色彩。当时我想，这就是语文呀！这就是语文学习之美啊！为什么我们的语文教与学会一直陷入"少、慢、差、费"的窘境呢？为什么我们不能找到语文教学的规律，找到语文教学之美呢？

于是，在研究生毕业前，在余应源教授、卢晓中教授的鼓励下，我满怀教育热情前往祖国边疆——新疆喀什师范学院支教。祖国的幅员辽阔，天山的巍峨高耸，昆仑山的白雪皑皑，维吾尔族教师的热情质朴，学生的刻苦勤奋和对知识的渴望……深深震撼了我，让我真切感受到作为中华儿女的自豪、从事教育的意义、人性的美好和文明的价值，也坚定了我以教育为事业的信念。机缘巧合，结束了新疆的支教，我又到祖国的南方——北京师范大学珠海分校工作了一段时间，和本科四年级的同学一起研讨语文教育学、语文教材教法、教育心理学等课程，并带同学们参加教育实习，每天一起备课、听课、研讨、交流……珠海的环境非常美，我在此度过了一段"面朝大海，春暖花开"的美好时光。其间，我们一起去唐家湾参观中华民国第一任内阁总理唐绍仪的故居。令人感到无比惊艳的是——进门一刹那，迎面扑来满墙如瀑布般盛开的鲜红的簕杜鹃花，它们至今仍在我的脑海里灿烂无比，犹如我们对语文教学的热爱之情。

"人生到处知何似，应似飞鸿踏雪泥。" 2006 年 7 月，我回到广州，意气风发地成为广东实验中学（简称"省实"）第一位拥有双硕士学位的老师。百年名校的深厚底蕴、名师云集的语文学科组、来自全省各地优秀拔尖的莘莘学子……让我这位在中学语文课堂之外"漂泊"数年之后重回中学语文讲坛的老师，有一种回到了自己精神"乐土、乐国、乐郊"的感觉。有了工作十年后的"反复深造""走南闯北"，我对语文教育的理解深化了，理念升华了。因此，在省实的课堂上，我和学生都沉浸在语文学习的美好氛围中"不能自拔"。区区斗室，时而风生水起，浪花四溅，只见"轻鲦出水，白鸥矫翼"；时而静水流深，满室馨香，放眼"万山红遍，层林尽染"；时而"仰观宇宙之大，俯察品类之盛"；时而"取诸怀抱，悟言一室之内；或因寄所托，放浪形骸之外"；时而登上泰山，惊呼"苍山负雪，明烛天南；望晚日照城郭，汶水、徂徕如画"；时而泛舟赤壁，"哀吾生之须臾，羡长江之无穷"；时而与庄子一起"逍遥游"并感叹"至人无己，神人无功，圣人无名"……教学相长、亦师亦友，徜徉在语文的优美意境里，"相与枕藉乎舟中，不知东方之既白"。这段时间，我除了担任语文老师，还担任"广东省创新人才培养实验班"班主任和学校教学处工作，带早读、看晚修，每天早出晚归、"披星戴月"、以苦为乐，行走在荔湾的龙溪大道"省实路"上、花地河畔，内心满怀愉悦，曾自赋绝句一首——"省实路青青，子衿喜盈盈；风吹木棉笑，雨润桃李新"。这段时间的语文教学工作，与我的生活融为一体，滋润着我的生命，让我深深体会到了孟子当年感叹"得天下英才而教育之，三乐也"的心境。我也坚信：语文，有感性之美，也有理性之美，它是可以养人的；而语文教学，是有科学规律可循的，会影响师生的生命质量。因此，在省实期间，语文课堂的有效性和高效性，促进了班集体良好学习氛围的形成，我和同学们共同的信念就是——"语文融进了每一个中国人的基因，我们一定能学好语文，也一定能战胜高考！"

2009 年，我迎来了在省实任教的第一届高三毕业班。学生 3 月份参加广州"一模"，在全市总分前十的名单中，我班学生居然集体"销声匿迹"！这让当时的分管领导高度紧张和疑惑：如此好的班风、学风，怎么会考试成绩不理想呢？我也觉得意外，但没那么紧张，甚至有点小庆幸：应届生"一模"不能太好，摔一下长记性，否则高考容易砸！因为我知道我们的教学和研究方向是正确的，语文课堂是有效、高效甚至是很美的，而且我和学生朝夕相处，我们付出了巨大的努力，在心理上已经达成了多么深的默契！果然，学生们不鸣则已，一鸣惊人，将一直聚集在内心的那股力量在高考中发挥得淋漓尽致，语文成绩在全省遥遥领先，潘禹尧、廖崇宁两位同学还包揽了广州市理科总分第一名和第二名，为全省的第三名和第四名。全班有八位同学被清华大学和北京大学录取，一大批同学进入中国人民大学、上海交通大学、复旦大学、浙江大学、中山大学、香港大学、香港科技大学以及美国康奈尔大学、亚利桑那州立大学等。之后，我又带了2012届、2015届、2016届和2017届高三毕业班，学生成绩都很优秀。尤其是2015年首届"钟南山科学人才培养班"的成绩非常突出，全班高考语文平均分127分，梅邑凯同学总分708分，进入全省前十名，语文成绩139分。另外一位非"钟南山科学人才培养班"的肖静同学，总分707分，也进入了全省前十名，语文成绩143分，也是我教过的学生。

在省实期间取得的优秀成绩，激发我和同事们去尝试做一些语文课堂教学规律的研究和总结。当时省实的语文学科组长范筠桦老师，学养深厚、气质优雅且温暖体贴，是语文老师的典"范"；还有享誉广东语文教育界的特级教师罗易老师，他的语文公开课视野开阔、大气、新颖，书法潇洒，被大家尊称为"罗大师"……在他们的鼓励下，我们从校级课题到市级、省级、国家级课题，逐渐形成了一些思想和理念。2009年12月，我有幸参加华东师范大学科教合作研究中心在深圳市龙岗区举办的"'聚焦课堂'全国部分省市普通高中课堂教学研讨活动"，将前期研究的一些思想理念融入教学设计和课堂教学，结果出乎意料地获得了评课专家和听课同行们的一致好评，荣获展示课的一等奖。2010年4月，我参加广东省教育厅教研室举办的"广东省普通高中新课程语文选修课教学观摩研讨活动"，再次将前期研究的一些思想理念融入教学设计和课堂教学，不出所料再次荣获省一等奖。这两次教学比赛的经历及获奖，也极大地鼓舞了我们的研究团队。

后来，一个偶然的机会，我们结识了全国知名的教育心理学研究专家——华东师范大学皮连生教授及其研究团队。于是，在皮连生教授及其研究团队的指导下，从 2012 年开始，我们开启了一个跨越 10 多年的课题研究和思考——立足认知心理学理论成果，以科学性支撑语文教学的有效性、高效性，探索"科学取向"的语文"导教"策略。我们坚信，语文学科虽然是人文学科，但语文教学一定是有客观科学的规律可循的。只要找到语文学科教与学的规律，就能打破传统语文教学"少、慢、差、费"的弊端，实现语文课堂教学的高效性、高质量。我们作为语文界的"老一辈"，将科学的理论与丰富的实践相结合，可以用研究的成果来指导年轻老师，让他们在语文教学生涯的起点，就有一套立足认知心理学理论、科学可行的"导教"策略可以借鉴，"站在巨人的肩膀上"，可少走弯路，从而在人工智能时代，多一些时间、精力把语文教学的研究往更高处更深处用力，促进语文教学的高质量发展，开创语文教学"桐花万里丹山路，雏凤清于老凤声"的新局面。

当然，跨越 10 多年的研究，不是一件简单的工作。从学习理论，到反思实践，再到将实践与理论相结合、相融合，再到总结、归纳、提升……研究过程十分辛苦。研究团队的老师们年轻有为、非常优秀，如罗丽佳、沙晶、彭吉思、陈莉、杨芳、莫莉等老师，都是省实的优秀骨干教师，莫莉老师还荣获了广东省第二届青年教师技能大赛高中语文组一等奖（第一名）。2018 年，我担任了"广东省中小学名教师工作室"主持人，广东第二师范学院桑志军教授担任我工作室的专家顾问，来自全省各地级市的一批优秀青年教师如徐建峰、彭吉思、邓礼惠、郑佳敏、李俊、管丹丹、黄雪珍、邱森森、刘嘉旋、郑敏颂、李全、刘清清、黎桂宁、罗建、黄皓等老师进入了我的工作室，还有来省实跟岗学习的郑文彬、黄芳华老师，以及广东第二师范学院 2018 年"新入职教师素质能力培训项目（高中语文）"来自佛山、湛江等地级市的潘丹丹等八位教师。大家一边加强理论学习，一边将理论与自己的教学实践相结合，同时积极响应国家和广东省教育厅"送教下乡，对口帮扶"的号召，先后前往广东省韶关市、清远市、江门市、茂名市、河源市等开展"聚焦课堂—同课异构"以及学术讲座等活动，将我们研究的阶段性成果运用于教学实践，取得了很好的教学效果，也赢得了同行和当地学生的一致好评。

我们在反复研究的过程中，也遇到诸多"难题"，主要有以下几个方面：

首先，研究的内容、方向是"导学"还是"导教"？10 多年来，"导学"和导学案的研究一直是热门，热度至今未减，有其现实的合理性和实用性。但是，对于学校而言，提升教师的专业水平，对学校教育的高质量发展至关重要！在学校里，学生是不断流动的、变化的，是"流水的兵"，只有教师队伍才是"铁打的营盘"，才是学校发展最重要的根基和保证，是根、是魂。因此，与其重复其他同仁的"导学"和导学案研究，不如从学校发展的根本入手，探索研究教师的"教"，研究如何"导教"——以认知心理学的科学理论为基础，寻找"科学取向的导教策略"，引导语文教师将教学设计和教学过程的高效性、高质量建立在认知心理学的科学性基础上，最终以教师高效率、高质量的"教"来实现学生高效率、高质量的"学"和提升学生的语文素养，这是教学的根本。教师的专业水平提升后，设计优秀的"导学案"是水到渠成的事，本末不能倒置。

其次，"课的设计既是一门科学也是一门艺术……在以智慧技能为目标的课的顺序设计中，已证实学习层次的使用处于核心地位。"[①] 那么，我们应该如何科学地、艺术地设计语文教学过程，让语文教学过程建立在科学的、艺术的基础之上，以实现语文教学的高效性？认知心理学作为一门科学，是教育学的基础，因此我们要将语文教学与认知心理学理论相结合，力图找出二者的关联和其中的规律，以引导语文教师的教学设计和教学过程，并以此提升语文教师的专业水平。

为此，我们先尝试将语文教学的九项基本内容（字、词、句、段、篇、语法、修辞、逻辑、文学常识等）、两个学习层次（言语内容和言语形式）、四项基本技能（听、说、读、写）、四大核心素养（语言建构与运用、思维发展与提升、审美鉴赏与创造、文化传承与理解）与认知心理学的系列理论相结合、相融合，结果发现结合不易、融合更难——真是"我太难了"！

比如，L.W.安德森等在《学习、教学和评估的分类学（布卢姆教育目标分类学修订版）》中将学习内容（知识维度）分成"四类知识"：事实性知识，概念性知识，程序性知识，元认知知识。那么，语文教学的九项基本内容、两个学习层次与L.W.安德森等提出的"四类知识"是什么关系？如何将九项基本内容、两个学习层次、"四类知识"三者融合为一体？

再如，L.W.安德森等将每一类知识的掌握水平分为"六级"：记忆、理解、运用、分析、评价、创造。那么，学生对语文教学的九项基本内容——

---

① 加涅，韦杰，戈勒斯，等.教学设计原理（第五版）[M].王小明，庞维国，陈保华，等译.上海：华东师范大学出版社，2007：233.

字、词、句、段、篇、语法、修辞、逻辑和文学常识等的掌握水平，应该分别达到上述"六级"的哪一级？如何达到"六级"相应级别？

再如，R·M·加涅在《教学设计原理（第五版）》中将"教学目标"归纳为五种"学习结果"——智慧技能、认知策略、言语信息、态度和动作技能方面的改善。我们追求的学习结果是"四大核心素养"——语言建构与运用、思维发展与提升、审美鉴赏与创造、文化传承与理解。那么，我们提出的"四大核心素养"与R·M·加涅提出的五种"学习结果"是什么关系？二者能否融合为一体？语文教学如何实现这五种"学习结果"和"四大核心素养"？

以上问题涉及"任务分析—目标分类—策略选择—科学检测"，需要逐个解决，才能推进本课题第一部分主体内容的研究，即"四维一体，闭环设计"的宏观"导教"策略。

再次，语文教学最终要落实到一篇篇具体的课文或群文的教学上，必须研究一节课完整的教学设计。以智慧技能为主要目标的语文教学活动，其教学设计必须符合学习者的心理认知规律和学习规律，"以学生的学习为中心"，科学设计"学习层次"和学习步骤，才能科学有序地层层推进教学环节。那么，如何以认知心理学理论为基础，科学设计一节课完整的教学步骤呢？有哪些必备的教学步骤？每一个教学步骤涉及的教学内容、活动和教学策略是什么？这些问题涉及本研究第二部分的主体内容，即"四四九式，循序渐进"的中观"导教"策略。

最后，语文教学与其他学科的教学，最根本的区别之一就是教与学的思维不同，即语文学科强调要培养学生语文专业思维——"文体化思维"，这是语文学科核心素养之一"思维发展与提升"的应有之义，也是语文学科思维素养的独特性表现。当教师和学生进入语文文本阅读的时候，首先要判断该文本的文体，明确该文体的特征和核心要素，然后依据该文体的主要特征、核心要素等对文本进行阅读、理解、鉴赏、评价，否则教师容易脱离文体特征泛泛而谈，学生在学习和考试答题时往往出现"不知所云"的现象。那么，语文中考、高考的文本主要有哪些文体？各种文体又有哪些主要特征和核心要素呢？等等这些问题，涉及本研究第三部分的主体内容，即"立足文体化思维，凸显语文学科特点"的微观"导教"策略。

在10多年的思考、研究过程中，不断有新的力量和思想加入。2020年，我参与深圳南方科技大学附属中学的创办，有幸遇见了南方科技大学人文社会科学学院院长、北京大学中文系原主任陈跃红教授以及众多院士、专家，还有一大批从全国各省名牌中学引进的语文名教师——孙永河、赵志军、郭方彦、陈金满、董建义、杜松、裴广宇、时长江、刘立峰、许维静、左勇惠、周文静等老师，以及来自清华大学、北京大学、中国人民大学、北京师范大学、新加坡国立大学、英国剑桥大学、美国哥伦比亚大学等世界名校毕业的硕士、博士毕业生。多元的教育背景和文化相互交融，大家在教学研讨和课堂教学实践中，不断碰撞出新的思想火花，也更加坚定了我和我的研究团队继续深化研究的信心。我们不断修改、完善，在研究中不断学习和反思，在学习和反思中不断研究……蓦然回首，猛然发现10多年转瞬即逝，真是"十年磨一剑"啊！

回顾我30多年的语文教学生涯和与研究团队携手研究的10多年历程，感慨颇多。一路走来，有幸遇到了那么多良师益友、志同道合的后起之秀，他们给了我们研究团队诸多的指导、帮助、鼓励和启发，让我们有了坚持下去的勇气、信心和力量。语文的世界是缤纷多彩的，或诗意盎然，或理性客观，或科学严谨……但是研究的道路往往是寂寞孤独的，唯有心中对语文教育的信仰和大家的鼓励所建构的灯塔，一直在指引我们前行的路。

俗话说："教学有法，教无定法。"语文教育的园地百花齐放，语文教学的方式方法有千万种，"科学取向"只是其中的一朵小花，不是唯一，尤其是在人工智能时代，语文教育充满了太多的可能性和不确定性。因此，我们团队的研究只能是抛砖引玉，希望能引发教育同仁们的一点思考，希望能给未来者一点帮助或启发。

谨以此书献给所有热爱语文教育和研究的同仁，献给曾经和我一起在语文世界里"竞自由"的学生们。

是为序。

黎小敏

2024年暑假于深圳南方科技大学附属中学宝安学校

目　录

第一章 ◎ 为什么要以认知心理学为基础研究语文"导教"策略

一、新时代，呼唤"高素质专业化创新型"的教师队伍

党的二十大报告提出："实施科教兴国战略，强化现代化建设人才支撑。教育、科技、人才是全面建设社会主义现代化国家的基础性、战略性支撑。必须坚持科技是第一生产力、人才是第一资源、创新是第一动力，深入实施科教兴国战略、人才强国战略、创新驱动发展战略，开辟发展新领域新赛道，不断塑造发展新动能新优势。"教育、科技、人才"三位一体"，关系密切、相辅相成，在新时代更显意义重大、责任重大，它们共同构成全面建设社会主义现代化国家和全面推进中华民族伟大复兴的基础性、战略性支撑。

2023年2月，中共中央、国务院印发了《质量强国建设纲要》，提出要"建设高质量教育体系"。发展科技、培育人才，前提是优先发展教育，发展高质量的教育。通过发展高质量的教育，为科技事业培养拔尖创新人才并助力科技的发展，所以要"坚持以人民为中心发展教育，加快建设高质量教育体系，发展素质教育，促进教育公平"，办好人民满意的教育。教育是国之大计、党之大计，培养什么人、怎样培养人、为谁培养人是教育的根本问题，我们要培养的是德智体美劳全面发展的社会主义建设者和接班人。而育人的根本，在于拥有一流的教师队伍，这要求我们加快培养"高素质专业化创新型"的教师，这是建设高质量教育体系、实现科学高效的课堂教学、有效培育拔尖创新人才和办好人民满意的教育的根本保证，也是人民在新时代

对教育的深切期望。

2023 年 5 月 29 日，习近平总书记在二十届中央政治局第五次集体学习时作了《扎实推动教育强国建设》的讲话，强调要"培养高素质教师队伍。强教必先强师。要把加强教师队伍建设作为建设教育强国最重要的基础工作来抓，健全中国特色教师教育体系，大力培养造就一支师德高尚、业务精湛、结构合理、充满活力的高素质专业化教师队伍"。

2023 年 9 月，在第三十九个教师节到来之际，习近平总书记致信全国优秀教师代表，明确提出并深刻阐释了中国特有的教育家精神："心有大我、至诚报国的理想信念，言为士则、行为世范的道德情操，启智润心、因材施教的育人智慧，勤学笃行、求是创新的躬耕态度，乐教爱生、甘于奉献的仁爱之心，胸怀天下、以文化人的弘道追求"，并号召全国广大教师"以教育家为榜样，大力弘扬教育家精神"。习近平总书记的重要论述赋予新时代教师队伍崇高使命，为我们打造高素质教师队伍、推进教育高质量发展、建设教育强国指明了前进方向，提供了根本遵循。

近年来，随着我国基础教育的不断发展，教师队伍不断壮大，一批批师范类毕业生和综合性大学非师范类的高校毕业生加入语文教师的行列，尤其是在"北上广深"地区，不少清华大学、北京大学、哈佛大学、剑桥大学等名校的硕士毕业生和博士毕业生加入了教师队伍，教师队伍越来越非师范化、年轻化。这些青年教师综合素质高、知识面广，为建设"高素质专业化创新型"的教师队伍提供了新鲜的血液和人才基础。而如何让这些青年教师在走上工作岗位时，尽快掌握一套符合教育心理学等科学规律的教学策略与操作范式，以弥补其经验的不足，将教育教学工作的有效性、高效性建立在科学性的基础上，这是我们当前青年教师培养面临的难题之一。

此外，随着基础教育改革的深入，人民对优质教育的诉求越来越强烈，因此，对原有的中级、高级教师的教学质量也有了更高的要求。如何进一步提升资深教师尤其是中高级教师的教学水平和教学质量，帮助他们尽量摆脱对已有经验的过度依赖以及职业倦怠，让他们的教育教学工作既有智慧的经验保障，更有科学理论的支撑，这也是我们当前中高级资深教师专业发展方面面临的难题之一。

二、新时代，呼唤课程改革向纵深推进

进入 21 世纪，我国开展了以课程改革为核心的基础教育改革——俗称

"新课程改革"。"新课程改革"主要着眼于克服基础教育课程存在的种种问题和弊端，如语文课程内容"繁、难、偏、旧"，过于注重书本知识，脱离了学生经验；语文课程体系以学科知识为核心，过于强调学科本位；语文教学过分注重知识传授，导致学生的语文学习过于强调接受式学习、死记硬背、机械训练，形成了以教师讲授为中心、以课堂为中心、以课本为中心的"三中心"；在教育评价上过于强调评价的甄别和选拔功能；课程管理过于集中，强调统一；等等。

因而，"新课程改革"提出了新的普通高中课程目标：

（1）精选终身学习必备的基础内容，增强与社会进步、科技发展、学生经验的联系，拓宽视野，引导创新的实践；

（2）适应社会需要的多样化和学生全面而有个性的发展，构建重基础、多样化、有层次、综合性的课程结构；创设有利于引导学生主动学习的课程实施环境；

（3）提高学生自主学习、合作交流以及分析和解决问题的能力；

（4）建立发展性评价体系，改进校内评价，推行学生学业成绩与成长记录相结合的综合评价方式，建立教育质量检测机制；

（5）赋予学校合理而充分的课程自主权，为学校创造性实施国家课程、因地制宜地开发学校课程和学生有效选择课程提供保障。

为了实现普通高中的教学目标，"新课程改革"确定了知识与技能、过程与方法、情感态度与价值观三位一体的课程目标。

客观地讲，"新课程改革"着眼于新世纪人才素质的需求，重视教材的整体性，重视学生的主体性，引导学生积极主动地学习；传授知识和技能与培养能力和创新意识并重；以人为本，以学生发展为本，体现了鲜明的时代特色。同时，在新课程改革中，专家、学者们提出了许多有引领意义的新理念：如"全面提高学生的素养""着重培养学生的实践能力""倡导自主、合作、探究的学习方式"等，这些教育教学理念都具有理论的前沿性和对教育教学的引领性。在教育专家和广大一线语文教师的积极努力下，新课程改革取得了不少的成果。

然而，"新课程改革"中仍有很多领域需要进一步研究与深化、充实与丰富、完善与提高。"新课程改革"中涌现了很多具有理论前沿性和引领性的教育教学理念，但是由于缺乏具体的可操作性、可检测性，因而容易模糊、空泛，导致语文教育教学改革发展到一定的阶段难以深化。比如，"三维目标"把学习与教学"过程和方法"作为教学目标受到质疑，不仅其中的知识、技能概念陈旧，而且没有反映认知心理学的新发展。这样的教学目标如何确保都能够得到实现？教学目标的实现与否如何科学地进行检测评价？教师的教学如何才能更具有科学性、有效性和高效性？当观摩了展示新课程理念的某些公开课后，很多语文老师又感到不会教了，语文教师们不知道"教什么"和"怎么教"的困惑如何解决？诸多问题不一而足。

新课程改革的理论基础是 20 世纪 90 年代在美国兴起的建构主义学习与教学观和后现代主义课程论。当前国内和国际上存在两种不同取向的教学论：一种是"哲学和经验取向的教学论"；另一种是认知心理学与实证研究取向的教学论，简称"科学取向的教学论"。总体来看，我们的教学一线主要是借助哲学与经验取向的教学论来指导学科教学与研究。社会人士对教学的批评所依据的也是个人的学习经验。在新课程改革中从西方引进的建构主义学习与教学观也是哲学与经验取向的。这些理论对于语文课"教什么""怎么教"和"教得怎么样"等问题的回答是原则性的、含糊的，有的可能存在片面性。哲学和经验取向的教学论可以对教学提供一般性的原则指导，但不能从根本上引导语文教师解决"教什么""怎么教"和"教得怎么样"的问题。

三、新时代，呼唤科学取向的高效课堂教学

2003 年，教育部印发的普通高中课程方案和课程标准实验稿，指导了十多年普通高中课程改革的实践，发挥了应有的作用。

2013 年，教育部启动了普通高中课程修订工作，深入总结 21 世纪以来我国普通高中课程改革的宝贵经验，充分借鉴国际课程改革的优秀成果，努力将普通高中课程方案和课程标准修订成既符合我国实际情况，又具有国际视野的纲领性教学文件，构建具有中国特色的普通高中课程体系。

2016 年 9 月 13 日，《中国学生发展核心素养》研究成果正式发布。学生发展核心素养是指学生应具备的，能够适应终身发展和社会发展需要的必备品格和关键能力，是关于学生知识、技能、情感、态度、价值观等多方面要求的综合表现。

2018 年，教育部颁布《普通高中语文课程标准(2017 年版)》，提出语文学科核心素养是学生在积极的语言实践活动中积累与构建起来，并在真实

的语言运用情境中表现出来的语言能力及其品质；是学生在语文学习中获得的语言知识与语言能力，思维方法与思维品质，情感、态度与价值观的综合体现。主要包括"语言建构与运用""思维发展与提升""审美鉴赏与创造"和"文化传承与理解"四个方面。

学生语文核心素养的积累与构建，源于学生积极有效的语文学习实践活动，而学生有效的"学"，离不开语文教师科学、高效的"教"；没有语文教师科学、高效的"教"，难以产生学生有效的"学"。在学科核心素养研究的大背景下，语文教学如何进一步升华，如何进一步引导语文教师科学、高效地"教"——"导教"，使语文教学进一步走向科学高效，如何通过科学的"导教"来培养一批批优秀的语文教师，等等，这些都是摆在我们面前亟待解决的重要问题、重大难题。

通过学习研究，我们发现，建立在认知心理学基础上的"科学取向的教学论"，由于有坚实的学习论基础，又开发出了一套将学习原理转化为便于教师操作的系统教学设计技术，同哲学和经验取向的教学论相比，更有助于帮助语文教师解决"教什么"（教学目标和内容），"怎么教"（过程与方法）和"教得怎么样"（教学目标的测量、评价）的难题，可以更加具体、科学地引导语文教师的教育教学工作，可以更科学有效地发挥"导教"的作用。所以，我们希望借助以科学取向的认知心理学为基础的"科学取向的教学论"，结合语文学科的自身特点，寻找出科学有效的语文"导教"的策略，以此来帮助和促进语文教师不断提高教育教学的水平。

四、科学取向的语文"导教"策略研究方向

认知心理学是一门探索心理如何被组织而产生智能思维，以及这些过程如何在脑中实现的科学，其基本领域包括人类的注意、知觉、记忆、思维、言语及认知控制等认知活动，主要研究方法为行为实验法、事件相关脑电位、功能磁共振成像与计算建模等。[①] 随着认知心理学的发展，它成为理解人类脑、心智与行为的基石，对个体心理的深入探索发挥着基础作用，对心理学各个分支产生了深远影响。[②] 这说明以认知心理学为基础进行教学相关研究

---

① 方方，蒋毅，李兴珊，等. 认知心理学：探索人类的智能 [J]. 中国科学院院刊，2012，27（增刊）：13-21.

② 刘勋，吴艳红，李兴珊，等. 认知心理学：理解脑、心智和行为的基石 [J]. 中国科学院院刊，2011，26（6）：620-629.

是非常有必要的——不仅可以促进学生"学"的过程，同时可以用于指导教师"教"的过程，提高教学效率，让教学更加规范有效。

20世纪末，认知心理学理论备受教育界关注，由此引起的教材改革、教法研究、角色分析及课程标准更新等格外引人注目。不少研究者亦开始以认知心理学为基础，去研究教师教的过程，对教师如何更好地进行教学提出不少建议。根据所收集的文献资料，目前研究者们在这方面的研究主要集中在以下几个方面。

（1）肯定了认知心理学的研究成果对于促进教师更好地组织教学有很大的帮助和启示，以认知心理学为基础对教师教的过程进行研究，提出了一些建议。

如杨心德在《认知心理学与教学过程的设计》一文运用现代认知心理学理论和教学设计原理，阐述教学过程中师生双边活动的基本过程及其规律，为教师的教学设计提供心理学依据。山西师范大学程素萍在《认知心理学的研究及其对教学的启示》一文指出认知心理学的研究成果对教师理解学习过程、预见教学过程中可能出现的因素和有效控制教学过程有很大的帮助和启示。该文作者对学科教学提出了几点建议：①明确角色意识，树立认知的教学观；②提供真实任务，引导自主学习；③设计概念框架，建构认知图式；④随机进入教学，促进知识迁移；⑤开展策略训练，教会学生学习。

而刘步涛在《认知心理学与当前的课堂教学改革》一文指出认知心理学的教学理论对现代教学的启示主要有五点：①树立认知的教学观，教会学生学习；②教师在创设学生学习的外部条件时，必须以学生头脑中的认知规律为前提；③教师要改变传统的教学方式，充分发挥学生的主体作用；④教师要树立教学目标的新观念；⑤教师要重视学生内在认知动机的作用。

（2）较为具体地研究认知心理学在各学科教学中的运用。研究者们将认知心理学与具体的学科相结合，研究如何以认知心理学的理论为依据，更加科学有效地促进学科教学，提高教学的效率。

如吴双在《认知心理学在小学语文阅读能力提高中的应用研究》中，对西宁某小学二、四、六年级的学生进行研究，结果发现小学生语文阅读8个属性认知能力的性别差异不显著，而年级差异显著；各项认知能力在不同阶段随年级升高都有明显提高；认知能力好的学生语文学习成绩也越好；学生的语文阅读能力是学校教师、家长及学生自身共同作用的结果。吴双认为教师在教育学生、传授知识的过程中，要与学生进行对话交流，引导学生理解文本，鼓励学生表达观点。

王亚楠在《认知视角下初中文言文的教学策略研究》一文中，从初中文言文难度分析、教学现状及存在问题、认知心理学背景下的文言文教学策略和认知心理学背景下的教学案例大纲分析等四个方面分析了初中文言文教学的一些现状。王亚楠认为，从认知心理学的背景出发，教师应以互动带动学习氛围，布置学习任务要符合"最近发展区"，要注重学生迁移能力训练，建立文言知识框架。

苍中洪分析了我国中职语文教学存在的问题，提出了基于认知心理学理论的中职语文教学改进策略。[①] 苍中洪认为，要重视学生原有知识和经验对教学效果的重要影响，重视学生认知结构对学习结果的关键作用，重视学生认知负荷的调控，以及重视对学生认知冲突的合理利用。

在《认知心理学对高中写作教学的启示》中，王苗苗认为高中写作现状不佳的原因是学生生活快节奏化导致感知体验缺失，机械化地模仿高分作文等。由此，教师应提升写作观察心理能力，制定适应个体心理的阅读策略，建构学生深度模仿的思维模型以及培养学生深刻独特的思维品质。

《从认知心理学的角度解读写作的过程模式》一文中，李海蓉从认知心理学的角度来解读写作的过程模式，从而对写作过程有一个更本质的认识，提出在实际的作文教学中，教师应该多考虑作者认知心理的发展，这样才能更好地促进学生写作水平的提高。

张晓霞在《注重教学设计 提高学习效率——浅谈教学设计与认知心理学规律在英语教学中的指导意义》一文中，认为要依据认知过程中的学习规律选择制定教学策略，使得依据认知过程中的学习规律选择制定教学策略的分析工作成为一种科学的操作。

《学习认知心理学理论 改进政治课教学设计》一文中，张永萍指出教师应从认知心理学理论中，梳理出符合新时代的教育思想，为政治课教学增添活力，主要可以从三个方面进行努力：①努力打造优良的认知结构；②积极改善教学情境设计；③大力加强学生主体地位。

另外，还有学者结合认知心理学，研究以学生为中心的课程立体化教学设计与实践。比如，张文江等认为要搭建"学生—教学—环境"三位一体的实现途径，以学生为中心，发挥学生主体性来建构学习方式，发挥教育者引导性来丰富教学活动，充分开发线上线下相结合的教学平台。[②]

① 苍中洪. 基于认知心理学理论的中职语文教学研究 [J]. 教育与职业，2017(12)：95-98.
② 张文江，白玉，张敏. 以学生为中心的认知心理学课程立体化教学设计与实践 [J]. 成都师范学院学报，2022，38(7)：17-24.

　　语文新课标四大核心素养包括四个方面，分别是语言建构与运用、思维发展与提升、审美鉴赏与创造、文化传承与理解。教师在教学过程中应了解学生的一些学习特点和心理特点，这样才能更好地指导教学，发展学生的语文核心素养。如何让学生理解文章、进行分析、归纳与思考，如何让学生把握及体会文章内容和思想，如何让学生在原有的知识基础之上获取新的知识，从而提升学生的口头语言和书面表达能力，形成良好的思维品质、审美情趣和能力，实现对中外优秀文化的传承与理解，这些问题是教学过程中不可避免会遇到的问题，同时也和认知心理学研究的问题相契合。从认知心理学出发去研究教师教的过程，可以更好地促进教师真正做到以学生为中心，调动学生学习的主动性和积极性，提高学生的学业获得感，培养学生的专业核心素养。因此，现阶段的教学研究中，以认知心理学为基础去研究教师教的过程，从而为教师提供一些可供参考的意见，是非常有必要的。

　　总体而言，部分学者将认知心理学和语文教学结合起来进行研究，但是研究集中在小学、初中和中职学段，对高中教学研究较少；从研究内容来看，这些文献集中在对学生认知过程的研究上，从而对教师教学提出一些建议，但对教师教的过程的研究较少。由此可知，以认知心理学为基础对教师如何更好地教进行研究是非常有价值和意义的。

　　至于以认知心理学为基础研究科学取向的"导教"问题，目前在国内外还是一个空白的领域。我国著名的教育心理学家，教育部理科教学指导委员会委员，华东师范大学心理学教授、博士生导师皮连生教授说："凭借以认知科学的学习心理学为基础的科学取向的教学论，来研究'新课程改革'中出现的问题，寻找出能够科学有效地'导教'的策略、方法，有重要的理论与实践意义，此项研究在全国具有开创性意义！"

　　皮连生教授是中华人民共和国成立后我国第一批心理学专业的学习者与研究者，他毕生主要致力于我国教育心理学的研究与发展，研究成果非常丰富，为我国的教育心理学的研究与发展做出了巨大的贡献。皮连生教授是《学与教的心理学》一书的主编，他在潜心学术研究的同时，又热情关注我国的基础教育课程改革，深入基础教育的一线，与中小学教师一起探究教育教学的规律，为广大中小学教师提供有力的学术支持，并亲自指导中小学教师开展教育科研工作，深受一线教师们的欢迎。

　　皮连生教授带领的研究团队，已经对"两种取向的教学论与有效教学研究"进行了深入的探究，为我们的研究奠定了很好的理论基础。因此，在皮教授团队的理论指导下，我们认识到，凭借"科学取向的教学论"，结合语文核心素养，来研究语文"新课程改革"中出现的问题，以寻找出科学有效的"导教"的策略，有重要的理论与实践意义：

（1）可以克服"哲学和经验取向的教学论"的不足，避免教育教学指导的模糊、空泛，充实、丰富、深化语文新课程改革的理论基础；

（2）可以帮助语文教师运用现代学习理论来解决学科教学中"教什么"，"怎么教"和"教得怎么样"的难题，使语文教师的教育教学工作的有效性建立在科学性的基础上；

（3）可以引导语文教师以科学规范的操作范式来开展教育教学工作，一方面可以促进骨干教师向专家型教师转变，另一方面可以促进青年教师的快速成长；

（4）可以促进"新课程改革"中语文教师校本培训工作的深化与发展；

（5）可以促进语文核心素养研究的深化。

因此，我们需要深入研究以下内容：

（1）研究分析科学"导教"的理论基础，研究以认知心理学为基础的科学取向的教学论，从中提取出科学"导教"的理论基础；

（2）从语文学科教学活动的目标出发，研究引导语文教师对不同的学习结果进行分类的方法，以帮助语文教师设置明确具体的教学目标，回答"为什么教"的问题；

（3）研究引导语文教师围绕教学目标、进行教学任务分析的方法，以帮助教师回答"教什么"的问题；

（4）结合语文核心素养，尤其是结合语文核心素养中的"思维发展与提升"，针对不同学习结果的类型和教学任务——不同体裁、不同题材，立足"文体化思维"，研究引导语文教师选择或开发教学材料和媒体，选择呈现方法以及安排师生互动过程等的最佳教学策略，以帮助教师回答"如何教"的问题；

（5）研究引导语文教师编写检查教学目标是否达到的测验题并借此评估教学效果的方法，以帮助教师回答"教得怎么样"的问题；

（6）在以上研究基础上，进行归纳整合，提炼出宏观层面、中观层面和微观层面的"导教"策略，并密切联系教学实践，开发出可供大家参考、学习、借鉴的课例。

第二章 ◎ 科学取向的语文"导教"策略

第一节 宏观"导教"策略——"四维一体，闭环设计"

一、瓦尔特·迪克（W. Dick）的"教学"理论

美国著名教学设计专家瓦尔特·迪克（W. Dick）在《教育技术学》杂志上发表《教学设计者眼中的建构主义》一文，他认为，衡量一项活动是否被称为教学，至少要具备三个条件，即有具体的学习目标，有针对目标的练习与反馈活动，通过评估确定所希望的行为（学习）变化是否出现。[1]

从迪克关于"教学"的定义来看，任何有效教学的理论都必须明确回答如下三个问题：带领学生去哪里？怎么带领学生去那里？怎么确信学生已经到达那里？

我们再尝试将上述三个问题进行细化、分析，与语文教学设计过程进行整合：

（1）"带领学生去哪里？"这涉及的是"教学目标"。那么，语文教学的目标有哪些？这需要我们站在语文教学和学生语文素养形成的角度，对语文教学的系列目标进行具体分类，使之清晰、明确，避免传统语文教学目标笼统的缺陷。

（2）"怎么带领学生去那里？"这涉及的是"教学任务"和教学的"策略选择"，即选取哪些内容来让学生学习，采用什么策略来让学生有效地学习这些内容，以实现第一点——"教学目标"。

---

① 皮连生，吴红耘. 两种取向的教学论与有效教学研究 [J]. 教育研究，2011（5）：25-30.

（3）"怎么确信学生已经到达那里？"这涉及的是学习结果的"检测与反馈"。学生完成了相应的学习内容之后，教师需要对学生学习的情况进行检测、评估、反馈，以确定下一步的教学目标、内容、策略等。人类的学习有不同的类型，不同类型的学习结果（目标）、学习过程、有效学习的条件与策略，以及检测与反馈的方式必然是不同的。所以，任何一门有效的课程、任何一堂有效的课，都应该保持任务、目标、策略、检测的一致性、一体化，应符合"整体设计"的原则，形成教学活动的一个"闭环"。因此，"任务分析—目标分类—策略选择—科学检测"，四者便构成了语文教学"四维一体，闭环设计"的宏观"导教"策略。

二、宏观"导教"策略——"四维一体"的具体内涵

1. 任务分析

修订版的布卢姆认知目标分类学根据泰勒（Tyler,1949）提出的按行为（指希望通过教学，学生能够做出的行为反应）类别和学习内容两维陈述行为的模型，将学习内容（知识维度）分成四类知识：事实性知识，概念性知识，程序性知识，元认知知识。[①]

（1）事实性知识，即学生通晓一门学科或解决其中的问题所必须知道的基本要素。包括术语知识、具体细节和要素的知识。

①术语知识：比如语文的五种"表达方式"——记叙、议论、说明、描写、抒情。

②具体细节和要素的知识。

如记叙的六要素——时间、地点、人物和事件的起因、经过、结果；

说明的具体方法——下定义、列数据、列图表、分类别、作比较、打比方、举例子、引用、摹状貌；

议论的三要素——论点、论据、论证方法；

描写的方法——人物的直接描写方法和间接描写方法，环境和景物描写方法；

抒情的方法——直接抒情、间接抒情。

（2）概念性知识，即能使各成分共同作用的较大结构中的基本成分之

---

① 安德森，等.学习、教学和评估的分类学[M].皮连生，主译.上海：华东师范大学出版社，2008：26.

间的关系。包括分类或类目的知识，原理和概念的知识，理论、模型和结构的知识。

①分类或类目的知识：如语文学习中，"表达技巧"包括"表达方式"，"修辞手法"（如比喻、拟人、夸张等），"表现手法"（如虚实结合、动静结合、多种感觉结合），等等。

②原理和概念的知识：如文章的篇章结构特点（总分总式、并列式、对照式等），文章的记叙顺序（顺叙、倒叙、插叙、补叙），等等。

③理论、模型和结构的知识：如抒情的"模式"，由景及情、寓情于景、借景抒情、卒章显志、先抑后扬等。

（3）程序性知识，即如何做什么，研究方法和运用技能、算法、技术和方法的标准。包括具体学科的技能和算法的知识，具体学科的技术和方法的知识，决定何时运用适当程序的标准的知识。

①具体学科的技能和算法的知识，比如如何正确听（涉及大小话题、关键词、中心句等），说（涉及声母、韵母、声调，语速、口吻、音量等），朗读（涉及情感、节奏、轻重等），书写（涉及笔画笔顺等）等基本技能的知识。

②具体学科的技术和方法的知识，如描写人物、景物"由远到近、从上到下、从外到内"等的基本方法，辩论的程序、方法。

③决定何时运用适当程序的标准的知识，如对文本进行艺术效果赏析的步骤，作文写作由审题、立意到列提纲的步骤，等等。

（4）元认知知识，即一般认知知识和有关自己的认知的意识和知识，如策略性知识；包括情境性的和条件性的知识在内的关于认知任务的知识；自我知识。

①策略性知识：比如如何列课文提纲、思维导图的知识。

②包括情境性的和条件性的知识在内的关于认知任务的知识：比如对不同认知任务——不同"文体"的内容，使用不同专业术语进行分析的知识。如用意象、意境分析诗歌的内容，用人物、情节、环境分析小说的内容，用"形散而神聚"的原则、思维分析散文的内容，用矛盾冲突的观点分析戏剧的内容，等等。

③自我知识：对自己知识水平的意识，比如知道现代文阅读是自己的长处，作文是自己的短处；对自己当前学习任务的意识；对自己当前学习行为的意识；等等。

2. 目标分类

（1）修订版的布卢姆认知目标分类学将每一类知识的掌握水平分为六级：记忆、理解、运用、分析、评价、创造[①]。

①记忆：指从长时记忆中提取有关信息。比如，语文测试中的理解性默写，就是从背诵积累的长时记忆中提取有关信息进行回答。

②理解：指从教学信息中建构意义。教学信息包括口头的、书面的和图画交流的。比如成语的内涵，一词多义的多个义项，词语的褒贬色彩和表意程度，等等。

③运用：指在给定情境中执行或使用某一程序。比如运用关联词进行造句、图文转换等。

④分析：指将材料分解为其组成部分，并确定各部分彼此怎样关联以形成总体结构或达到目的。比如分析文本内容的思路、结构层次、前后逻辑关系、表达效果等。

⑤评价：指依据标准或规格做出判断。比如评价作者的观点、情感和态度，评价文本的现实意义，等等。

⑥创造：指组合各元素以形成新颖、内在一致的整体或创造出原创性产品。比如让学生根据提供的几个词语展开联想、想象，创造出完整的情景，写作文，等等。

外在的知识被学生在不同的认知水平上掌握，就会获得不同的学习结果。

下面根据前面"任务分析"中有关学习内容的四类知识（事实性知识、概念性知识、程序性知识、元认知知识），结合知识掌握的六级水平，以表格的方式呈现二者的关系，见表2-1。

表 2-1　知识和认知过程的关系

知识维度	认知过程维度					
	记忆	理解	运用	分析	评价	创造
事实性知识	√	√				
概念性知识	√	√				
程序性知识			√	√	√	√
元认知知识			√	√	√	√

① 安德森，等.学习、教学和评估的分类学 [M].皮连生，主译.上海：华东师范大学出版社，2008：26.

（2）R. M. 加涅将学习定义为由经验引起的相对持久的能力和倾向的变化。他最大的贡献在于将教学目标归纳为五种学习结果。他认为人类学习的本质在于五种学习结果：智慧技能、认知策略、言语信息、动作技能和态度方面的改善。

①智慧技能。

使符号应用成为可能的性能称为"智慧技能"。广义地讲，对学习者而言，用来表征环境的符号就构成语言，语言是用来记录和交流学科中的关系（概念、规则）的，所以这类关系的学习涉及智慧技能的学习。它是"知如何"或掌握了程序性知识。

②认知策略。

个体已习得支配他自己学习、记忆和思维的技能，这些控制学习者自身内部过程技能的一个总的名称是认知策略。它普遍适用于各种知识内容，如注意策略、编码策略、提取策略、记忆搜寻策略以及思维策略等。

③言语信息。

一个人可能学会口头言语或书面语言表达、打字或通过绘画来陈述或告诉一个事实或一系列事件。如一些事实、一周的天数、城市的名称及地理位置等，某一领域的专业知识等。他面临着"怎样造一个很简单的句子"和"陈述信息"两个任务。前者属于智慧技能，后者被称为"言语信息"，它是"知什么"或陈述性知识。

④动作技能。

学习者习得的一系列组织化动作的整体，这些动作彼此关联，构成一个综合性活动的基础，在人们的行为表现中容易识别。这就是动作技能。

⑤态度。

学习者获得的影响个体行为选择的心理状态。如某人可能更倾向于把打高尔夫球作为自己的娱乐活动，而另一个人在学习之余宁愿选择学习物理学而不愿学习英国文学。这种倾向对学习者而言，通常被看作选择而非具体的行为表现，我们称之为"态度"，是指那种持续时间较长且使得个体的行为在各种具体情境中具有一致性的倾向。

R. M. 加涅首次将认知策略作为教学的一个重要目标，大大地发展了教学目标理论。提出目标分类学的目的是"帮助课程开发者计划学习经验并准备评价工具；阐明学习目标的意义（试图达到哪一水平的'理解'）；根据回忆、思维与问题解决提供一个研究教学与学习的框架"。[①]

前面我们分析了四类知识——事实性知识、概念性知识、程序性知识、元认知知识，知识掌握的六级水平——记忆、理解、运用、分析、评价、创造。每一类知识被学生在不同的认知水平掌握，学生就会获得不同的学习结果——学生能记忆和理解，意味着学生获得了言语信息；如果能达到运用、分析、评价、创造，则意味着获得了动作技能、智慧技能或认知策略；最终形成态度。我们将三者的关系以表格的方式呈现，见表 2-2。

表 2-2　知识、认知过程和认知结果的关系

知识维度	认知过程维度						认知结果维度
	记忆	理解	运用	分析	评价	创造	
事实性知识	√	√					获得言语信息
概念性知识	√	√					获得言语信息 获得智慧技能
程序性知识			√	√	√	√	获得动作技能 获得智慧技能 获得认知策略
元认知知识			√	√	√	√	获得认知策略 态度

教学目标包括宏观的课程目标、中观的模块教学目标、微观的单元和单课目标。本研究认为，教学目标的描述，要立足于学生学习的角度，兼顾知识维度和认知过程维度，尽可能是清晰的、具体的、可检测的，要避免模糊的、空泛的、不可检测的描述。

依据表 2-2，我们尝试拟定语文学科的教学内容与教学目标关系，见表 2-3。

① 加涅，韦杰，戈勒斯，等．教学设计原理：第五版 [M]．王小明，庞维国，陈保华，等译．上海：华东师范大学出版社，2007：57.

表 2-3　语文学科的教学内容与教学目标关系表

教学内容		知识维度	教学目标						认知结果维度
			认知过程维度						
			记忆	理解	运用	分析	评价	创造	
基本技能	音、字、词	事实性知识	√	√					获得言语信息
	句子、标点	概念性知识	√	√					获得言语信息
	朗诵、背诵	概念性知识	√	√					获得言语信息
	课文内容（含情感、价值观）	概念性知识，程序性知识		√		√	√		获得言语信息、智慧技能、认知策略
高级技能	课文结构	概念性知识，程序性知识		√		√	√		获得智慧技能、认知策略
	表达技巧（含语法、修辞）	概念性知识，程序性知识	√	√	√	√	√	√	获得智慧技能、认知策略
语文综合能力（含创造性阅读和写作）		程序性知识，元认知知识	√	√	√	√	√	√	获得智慧技能、认知策略、态度

　　按照表 2-3，教师的教学内容和教学目标的设计、学习内容和学生认知能力发展的逻辑关系都一目了然、非常清晰，这对教师设计教学过程有很强的指导意义。

3. 策略选择

　　在现代学习理论中，认知策略是一种控制过程，是学生用以选择和调整其注意、学习、记忆与思维方式的内部过程，是一种对学习和思维极为重要的指挥技能。[①]

　　在教学过程中，教师和学生为了完成特定的学习内容，实现知识维度

---

① 加涅，韦杰，戈勒斯，等.教学设计原理：第五版 [M]. 王小明，庞维国，陈保华，等译.上海：华东师范大学出版社，2007：57.

和认知过程维度目标，需要采取恰当的方式方法。不同种类的知识、不同层级的认知维度目标，需要的"教"与"学"的策略自然不同。如果教师设计的"教"与"学"的策略科学、合理，则学生的学习目标容易实现，教学的有效性可以得到保障，教学工作往往能够事半功倍，否则会事倍功半。传统语文教学之所以一直存在"少、慢、差、费"这些根深蒂固的弊端，遭到同行、学生、社会的诟病，根本原因之一是缺乏对语文学习的知识维度、认知过程维度的科学分析，以及在此科学分析的基础上，采用与之相符合的针对性的、精准有效的"教"与"学"的策略。

比如，语文经典篇目的背诵，不少学生存在记不住、背不出的困难，为什么？经典篇目就背诵而言，属于言语内容的学习、陈述性知识的学习，认知过程维度属于记忆、理解两个层级，需要的策略主要是模仿（教师高水平的示范）、复述（反复诵读，形成语感）、精加工（纳入已有的知识网络、认知模型等）、及时复习和反馈（按科学的间隔时间复习，及时检查反馈）等策略。

而实际教学中，在我们的语文课堂上，高水平的教师朗诵和背诵示范往往不够，不能有效地感染学生，激发学生"模仿"的学习动机；教师面面俱到地讲得多，"满堂灌"的现象比较普遍，从作者、时代背景、字词句段的内容解释、语法修辞、结构层次到思想内容的剖析、主旨的归纳……挤占了太多课堂时间，导致课堂上留给学生反复诵读、形成语感的"复述"时间很少，更没有时间让学生独立思考感悟、与同伴合作探究、与教师质疑辨析，以促进学生思维的"精加工"和深度学习。这样往往导致学生在课时结束时，仍然对文本内容似懂非懂、疑惑重重，无法在深度理解文本的基础上快速、及时地在课堂上完成背诵。而在各科作业的冲击下，其课后能用来弥补课堂缺失的诵读、理解型时间又寥寥无几，不能实现学习的及时有效的反馈和巩固。因此，在经典篇目的默写检测中，理解性默写题仍然有不少学生无法及时通过。问题的根源在于我们的课堂教学策略不当，没有依据教学内容的知识维度和与之对应的认知过程维度，选择恰当的、针对性的、精准的"教"与"学"的策略。其他内容的教学，如现代文阅读、古诗文阅读、写作等，问题同样如此。

语文教学必须依据学习内容、学习目标，尤其是不同文体的特征及其学习目标，选择有效的教学策略，包括普适性的教学策略和具体的学科化教学策略，才能不断提升语文学习效率，克服语文学习"少、慢、差、费"的弊端。

4. 检测与反馈

"在计划和开发教学时，教学设计者尽力使目标、方法和测量保持一致。显然，我们想让学生看到他们所学习的东西，在知识和技能如何使用方面的相关性。真实性测量试图把测量与目标和高水平的结果联系起来。如果我们想要学生成为批判性的思维者和问题解决者，那么我们就不得不用这类测量来挑战他们。"[①]

学生的学习活动是否有效，知识掌握和认知能力发展达到什么程度，是否实现了预设的学习目标等，离不开科学的检测和及时的反馈。科学有效的检测，才能正确及时地反馈学习的结果，以帮助学生根据反馈的问题，及时改进学习。"目标、方法和测量保持一致"应该是学习检测的基本原则，针对阶段性的学习内容、目标，学习的方法策略，立足重点难点，科学设置检测题目，真实地反映学生知识掌握的程度和认知能力发展的水平，这样才有信度和效度，也有利于激发学生的成就感和学习动机。

传统语文教学往往过于强调"教考分离"，弄得老师、学生无所适从，考试的内容脱离眼前的学习内容、目标，无法通过检测来反映学生知识掌握的程度和认知能力发展的水平，误导学生对语文学习的看法，认为"学不学都一样"，学了也没看到结果，努力了也没看到效果，极大地打击了学生语文学习的积极性。

因此，科学的检测和反馈，应该与前面所述的学习内容、学习目标和学习策略保持一致，一脉相承，设计"学"与"测"内容具有高度一致性的检测方式、方法，使学习环环相扣、循序渐进地往前推进，形成一个有机的"闭环"。

三、"四维一体，闭环设计"宏观"导教"策略框架

依据"学习内容任务、学习结果目标、学习策略、学习检测与反馈"四个维度，将语文学科的学习内容、学习目标、学习策略、学习效果检测与反馈进行细致科学的整合、归类，建立清晰的"四维一体，闭环设计"学科化的宏观"导教"思维框架，使教师的教学内容、教学目标、教学策略、课后的作业布置、检测题的设计等都一目了然，这样，教师的整个教学过程的设计就有了一个完整而清晰的思路，教师的教学过程就成为了一个有机的整

---

① 加涅，韦杰，戈勒斯，等.教学设计原理：第五版 [M]. 王小明，庞维国，陈保华，等译.上海：华东师范大学出版社，2007：237.

体，一个有内在生命的系统，而不是随心所欲的教学行为。"四维一体，闭环设计"宏观"导教"策略体现了系统论的思维特点，具有较高的理论价值与应用价值，见表2-4。

表2-4 语文"四维一体，闭环设计"宏观"导教"策略框架

教学内容		教学目标								教学策略（举例）	学习检测（举例）
		知识维度	认知过程维度						认知结果维度		
			记忆	理解	运用	分析	评价	创造			
言语内容（基本技能）	音、字、词	事实性知识	√	√					获得言语信息	1. 示范与复述； 2. 抄写； 3. 释义（静态表层）； 4. 组块； 5. 其他	1. 听写默写； 2. 造句； 3. 释义； 4. 选择、判断； 5. 其他
	句子、标点	概念性知识	√	√					获得言语信息	1. 突出关键词； 2. 替换和比较； 3. 释义（动态深层）； 4. 其他	1. 释义； 2. 选择、判断； 3. 改写、仿写； 4. 其他
	朗诵、背诵	概念性知识	√	√					获得言语信息	1. 示范和模仿； 2. 复述； 3. 精加工和图式； 4. 其他	1. 理解性背诵； 2. 理解性默写； 3. 学生问答； 4. 其他
	课文内容（含情感、价值观）	概念性知识，程序性知识			√	√	√		获得言语信息、智慧技能、认知策略	1. 突出关键词句； 2. 要点和图式； 3. 动态语境； 4. 答疑解难； 5. 多维度赏析； 6. 其他	1. 筛选信息； 2. 分析思路； 3. 画思维导图； 4. 鉴赏； 5. 其他
言语形式（高级技能）	课文结构	概念性知识，程序性知识			√	√	√		获得智慧技能、认知策略	1. 抓话题； 2. 抓关键词句； 3. 划分层次； 4. 其他	1. 分析思路； 2. 概括要点； 3. 画思维导图； 4. 其他
	表达技巧（含语法、修辞）	概念性知识，程序性知识	√	√	√	√	√	√	获得智慧技能、认知策略	1. 比较鉴赏； 2. 替换； 3. 其他	1. 造句和仿写； 2. 句式变换； 3. 鉴赏效果； 4. 其他

续上表

教学内容	教学目标								教学策略（举例）	学习检测（举例）
	知识维度	认知过程维度						认知结果维度		
		记忆	理解	运用	分析	评价	创造			
语文综合能力（含创造性阅读和写作）	程序性知识，元认知知识	√	√	√	√	√	√	获得智慧技能、认知策略、态度	1. 头脑风暴；2. 模仿；3. 从片段到全文写作；4. 修改升格；5. 其他	1. 写提纲；2. 写片段；3. 写全文；4. 自评互评；5. 其他

四、"四维一体，闭环设计"宏观"导教"策略框架的"教学内容"说明

就言语的内容而言，与数理化、政史地等学科相比，语文学科的学习内容具有学科的独特性。数理化、政史地等学科往往是从"本体论"出发的，目的是让学习者理解吸收言语文本的内容而不是言语文本的形式，回答"是什么"的问题；而语文学科则侧重从"认识论"和"方法论"出发，目的是让学习者在理解吸收言语文本的内容基础上，探究产生文本内容的言语形式何以生成、如何表达得最好，回答"为什么""怎么做"的问题。"惟有语文课，立足于言语形式的教学，言语形式处于矛盾的主要方面，主导的方面，决定教学内容与属性的方面；而言语内容则是次要方面，言语内容必须反过来服从于、服务于言语形式的教学。这便是语文教学根本区别于其他学科，包括其他人文学科的本质。"[①]因此，我们在语文"四维一体"宏观"导教"策略框架中，将语文教学的内容归纳为三个方面："言语内容""言语形式""语文综合能力"。具体解释如下：

第一，"言语内容"的学习——包括"语言"和"言语含意"两个层面的学习。"语言"学习主要是学习"语文基本素材"和"语文基础知识"，即让学生掌握字词的音、形、义（汉语言工具本身）及其有关知识，重点掌握汉语的词汇、本体语法和言语活动的知识，这主要是小学中低年级的学习任务；"言语含意"的学习，主要是解读文本的言语内容传达的意思、思想感情、价值观、主旨等，这主要是小学高年级和初高中阶段的学习任务。

---

① 余应源．语文"姓"什么？——认识与从事语文教学的逻辑起点 [J]. 中学语文教学，2001（3）．

第二，"言语形式"的学习——解读文本的言语形式的特点，主要是文本的结构层次、衔接过渡的特点，遣词造句、表情达意、谋篇布局等方面的写作技巧等，这是初高中阶段语文学习的主要任务。由于"言语形式"的学习比较抽象，不像言语内容的学习那么直观、感性，它是在言语内容的基础上进行的抽象学习，需要一定的语文专业知识和高度理性的思考与分析，因此，学生往往对此兴趣不大，学习动机不足，需要语文教师站在"深度学习"等更高的角度引导学生，同时要给学生提供学习的支架——关于"言语形式"方面的语文专业知识与范例。

下面引用第443期【正道研讨】陈剑泉老师分享的教学案例[1]，来说明"言语内容"和"言语形式"学习的区别：

庄子《逍遥游》中有如下一段对话：

尧让天下于许由，曰："日月出矣，而爝火不息；其于光也，不亦难乎？时雨降矣，而犹浸灌；其于泽也，不亦劳乎？夫子立而天下治，而我犹尸之；吾自视缺然，请致天下。"许由曰："子治天下，天下既已治也；而我犹代子，吾将为名乎？名者，实之宾也；吾将为宾乎？鹪鹩巢于深林，不过一枝；偃鼠饮河，不过满腹。归休乎，君，予无所用天下为！庖人虽不治庖，尸祝不越樽俎而代之矣！"

这段对话中，从其内容来看，蕴含着人生价值观的思考；从其观点表达过程来看，蕴含着类比推理思维；从其表达形式来看，蕴含着修辞思维。目前，利用这段文字进行思维教学，一般有以下三种情况：

第一种情况：教师借助这段文字，来引导学生对人生价值观进行分析、比较、选择、评论。

第二种情况：教师以这段文字为例，引导学生理解类比推理的结构、条件、过程，并能运用类比推理来思考问题。

第三种情况：教师以这段文字为例，引导学生运用一定的修辞手段（如比喻、排比、反问等）来形象化、生动化地表达自己想要表达的观点。或者通过仔细分析、比较、玩味、揣摩这些修辞手段来透彻理解文段内容。

在陈剑泉老师所举的这个教学案例中，"第一种情况：教师借助这段文字，来引导学生对人生价值观进行分析、比较、选择、评论。"这是对言语内容表达的信息进行学习——理解文本的字面意思，学习文本中人物的人生

---

[1] 正道语文. 第443期【正道研讨】如何发展语文核心素养 [EB/OL]. （2016-11-08）. https://www.sohu.com/a/118467255_372441.

价值观，即尧以天下为重、主动谦让天下的伟大人格，许由"我犹代子，吾将为名乎"，不图浮"名"、拒绝接受的高洁品质。这一层面的学习，是立足于言语内容的学习，只是语文学习的第一个层面。

"第二种情况：教师以这段文字为例，引导学生理解类比推理的结构、条件、过程，并能运用类比推理来思考问题"和"第三种情况：教师以这段文字为例，引导学生运用一定的修辞手段（如比喻、排比、反问等）来形象化、生动化地表达自己想要表达的观点。或者通过仔细分析、比较、玩味、揣摩这些修辞手段来透彻理解文段内容"，这两种情况，是从言语内容的层面超脱出来，分析其观点表达过程的思维方法、表达形式蕴含的修辞思维，这属于更高层面的学习——"言语形式"的学习，是语文学科教学区别于其他学科的根本所在。其他学科教学的目标停留于"言语内容"的学习，理解言语内容本身，而语文教学则必须从"言语内容"的层面上升到"言语形式"的层面，这是语文学科"质的规定性"所决定的。

第三，"语文综合能力"训练——听说读写能力综合训练。通过前面学习"言语文本"的内容与形式，进行有目的、有计划、有组织和有步骤的言语技能训练，包括创造性阅读和写作训练，最终积淀、内化为学生的听说读写的言语能力。听说读写的言语技能训练是语文教师进行语文教学的核心内容，其中包括正确拼读的技能，诵读、听说形成语感的技能，熟练进行口头表达和书面表达的技能等，这是实现语文课程最终目标的关键。只有通过读写听说的言语技能训练，才能培养出学生的语文能力，发展学生的语文学科核心素养——"语言建构与运用""思维发展与提升""审美鉴赏与创造""文化传承与理解"，使语文教学活动不脱离语文教育的本质属性。

因此，《普通高中语文课程标准（2020年修订版）》在"课程性质"中指出："语言文字是人类社会最重要的交际工具和信息载体，是人类文化的重要组成部分。语言文字的运用，包括生活、工作和学习中的听说读写活动以及文学活动，存在于人类社会的各个领域。语文课程是一门学习祖国语言文字运用的综合性、实践性课程。工具性与人文性的统一，是语文课程的基本特点。语文课程应引导学生在真实的语言运用情境中，通过自主的语言实践活动，积累言语经验，把握祖国语言文字的特点和运用规律，加深对祖国语言文字的理解与热爱，培养运用祖国语言文字的能力；同时，发展思辨能力，提升思维品质，培育社会主义核心价值观，培养高尚的审美情趣，积累丰厚的文化底蕴，理解文化多样性。"

"积累言语经验，把握祖国语言文字的特点和运用规律"，主要源于对"言语内容"和"言语形式"的学习与积累。"培养运用祖国语言文字的能力；同时，发展思辨能力，提升思维品质，培育社会主义核心价值观，培养高尚的审美情趣，积累丰厚的文化底蕴，理解文化多样性"，点明了语文学科核心素养的四个方面——"语言建构与运用""思维发展与提升""审美鉴赏与创造""文化传承与理解"，而围绕"言语内容"和"言语形式"进行科学的听说读写等语文技能训练，是培养学生语文学科核心素养的基础和根本。

　　下面，将"语文教学内容"以思维导图的形式制成分析模型，如图2-1所示。

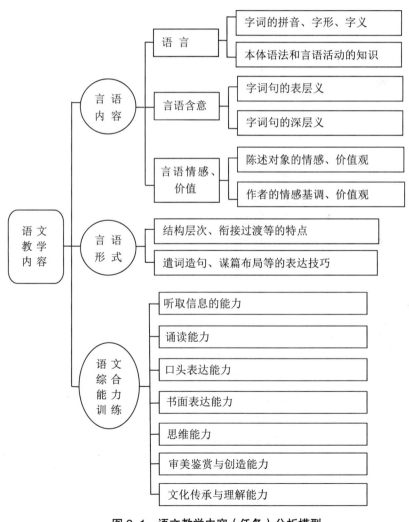

图2-1　语文教学内容（任务）分析模型

五、"四维一体，闭环设计"宏观"导教"策略框架的"技能、认知结果、认知过程"说明

（一）基本技能和高级技能

在语文"四维一体，闭环设计"宏观"导教"策略框架表（表2-4）中，我们将语文技能从大的方面分为基本技能和高级技能，一方面简化了技能的分类，便于大家理解；另一方面引入字、词、句子、篇章结构、语法、修辞等语文教学内容，将心理学的概念和语文教学内容联系起来，使之具体化。也就是说，语文教学的内容是字、词、句、段、篇等，而学生学习的结果主要是获得基本技能和高级技能。

（二）认知结果维度

我们在表2-4中也放入了"认知结果维度"，使"教学目标"由"知识维度"到"认知过程维度"再到"认知结果维度"，保持了教学目标的完整性。当然，"认知结果维度"的界定很难完全按照R.M.加涅的五种学习结果（智慧技能、认知策略、言语信息、态度和动作技能）进行绝对区分，因为同一知识维度的学习，有可能获得多种学习结果。比如学生学习了一个新的成语，既可以获得这个词语本身包括读音、笔画、词义、感情色彩等方面的言语信息，又可以通过朗读、书写获得动作技能，还可以通过造句、扩写等方式来运用它，从而获得智慧技能等。因此，五种学习结果的界定只是相对的而非绝对的，这取决于现实的教学实践中特定的"教学目标"。

（三）认知过程维度

深入研究，我们发现，对于语文技能来说，教学内容和知识维度也很难简单套用修订的布卢姆分类框架中的四类知识分类，表2-4中所列的音、字、词、句、标点、课文结构、课文内容与价值观、表达技巧以及综合能力等项目在进行知识分类时，会出现交叉的现象，如"课文内容""课文结构""表达技巧"都涉及"概念性知识"和"程序性知识"等。而其中音、字、词、句、标点、课文内容与价值观属于言语内容，课文结构、表达技巧属于言语形式。学生的语文能力最终落实在对字、词、句、标点、课文结构、课文内容（含价值观）和表达技巧的记忆、理解、运用、分析、评价和创造等六级水平的掌握上，以及语文综合能力的发展上，见表2-5。

表 2-5　语文技能两维分类框架

教学内容维度			认知过程维度					
			记忆	理解	运用	分析	评价	创造
基本技能	言语内容	音、字、词	√	√				
		句子、标点	√	√				
		朗诵、背诵	√	√				
		课文内容（含情感、价值观）		√		√	√	
高级技能	言语形式	课文结构		√		√	√	
		表达技巧（含语法、修辞）	√		√	√		√
		语文综合能力（含创造性阅读和写作）	√	√	√	√	√	√

通过表 2-5，我们可以发现以下几个重点：

首先，与"言语内容"的学习对应的主要是"基本技能"，与"言语形式"的学习对应的主要是"高级技能"。显然，从"言语内容"上升到"言语形式"的学习，是语文学科独有的，难度是上升的；从"基本技能"上升到"高级技能"，难度也是上升的。所以，从"基本技能"上升到"高级技能"，再上升到"语文综合能力"，这是语文学习一个循序渐进、螺旋上升的过程，是学生语文能力形成的必然过程，是我们语文教学必须尊重的教育规律。

其次，语文"基本技能"与"高级技能"属于单项技能，意味着它们是可以通过单项技能的反复训练来实现的，因此，教学工作相对比较容易，学习目标也比较容易实现。但是，创造性阅读和写作，则需要单项技能的综合运用，它属于语文综合能力，明显更加复杂，需要更加深入地研究探索，因此教学工作的难度相对比较大，不容易突破，也是实际教学中教师和学生都比较困惑的地方，甚至成为学生学习的瓶颈。

最后，由于这个二维分类表以直观明了的形式，帮助教师完成了教学目标设置中由外在教学内容向学生内在学习结果的转化，揭示了学习内容与学生认知过程发展的内在逻辑与规律，因此对教师的实际教学和学生的学习都有很好的指导意义。

第二节 中观"导教"策略——"四四九式，循序渐进"

"课的设计既是一门科学也是一门艺术……在以智慧技能为目标的课的顺序设计中，已证实学习层次的使用处于核心地位。"[①]

教学需要教师进行精心设计，因为教学"目标、内容、策略、检测"之"四维一体"的实现，都离不开学习者的心理认知过程，都必须符合学习者的心理认知规律和学习规律，必须循序渐进，尤其是以智慧技能为主要目标的语文教学活动，更加需要教师"以学生的学习为中心"，科学设计好"学习层次"和学习步骤，科学有序地层层推进教学环节，不违背教育教学的规律，才有可能实现高效、高质量的语文教学，使语文教学活动事半功倍；否则，容易导致教学活动违背心理认知规律，事倍功半。

教学设计，概括而言，主要涉及"四四九"——四部分、四阶段、九层次，见图 2-2。

课的目标及其类型（即学习领域）			
教学事件（教学步骤）		媒体、材料及活动（教学内容及活动）	教学处理或策略
一、激发学习动机	1. 引起学生注意		
	2. 告知学生目标		
二、回忆已知，激活原有知识网络	3. 激起回忆先决条件		
三、学习新知，更新知识网络	4. 呈现刺激材料		
	5. 提供学习指导		
	6. 引出行为表现		
	7. 提供反馈		
	8. 测量行为表现		
四、拓展与迁移	9. 促进保持与迁移		

图 2-2 "四四九式，循序渐进"导教框架

[①] 加涅，韦杰，戈勒斯，等.教学设计原理（第五版）[M]. 王小明，庞维国，陈保华，等译.上海：华东师范大学出版社，2011：233.

一、四部分

包括陈述课的目标及其类型（即学习领域）；列出打算使用的教学事件；列出每一个教学事件赖以完成的媒体、材料及活动；明确教学处理或策略，即注明每个所选事件中教师或培训者的作用、各种活动及其处理的方法和策略（教学的处方）。

具体阐释如下：

1. 课的目标及其类型（即学习领域）

课的目标，即本课具体的教学目标——知识维度、认知过程维度、认知结果维度的目标，依据语文学科核心素养，主要涉及语言、思维、审美、文化等维度。

课的类型，即课的学习领域，涉及智慧技能、认知策略、言语信息、态度和动作技能等五大领域，在具体的语文教学中，五大领域可以根据语文的学科特点进行更加细化的分类。

2. 教学事件（即教学步骤）

教学事件，即立足于教师主导的角度，教师合理推进教学的步骤、层次。它不同于教学内容，是对教学内容呈现层次、顺序的科学设计。这个步骤非常重要，要立足认知心理学的规律来设计。因此，它必须符合学生认知发展规律和知识逻辑的教学步骤、层次，是由浅入深、由易到难、循序渐进的过程。

主要包括环环相扣的"四阶段""九层次"。

3. 媒体、材料及活动（即教学内容及活动）

这个部分，是针对"九层次"的教学事件设计教学内容及活动，包括罗列出所需要的教学媒体、材料及活动等，以确保每一个教学事件能够顺利推进。

4. 教学处理或策略

这个部分，是针对教师在"九层次"的教学事件中的主导作用而设计的，主要是明确教师的教学行为，进行教学处理的方法或策略，以正确引导学生的学习行为，确保学生学习的效果。

二、四阶段

四阶段即"激发学习动机""回忆已知，激活原有知识网络""学习新知，更新知识网络""拓展与迁移"四个阶段，包含在"四部分"的"教学事件"中，与"九层次"环环相扣。

接下来，我们对语文学科"四阶段"进行深入的具体分析。

1. 激发学习动机

在当今信息化时代，由于网络游戏、视频、QQ、微信、微博等诱惑，广大中小学生学习上的最大困难、首要困难，在于教学活动的第一个阶段——"激发学习动机"。当代学生普遍存在缺乏学习动机、厌学情绪严重的问题，学校、课堂成为很多孩子们不喜欢的地方。俗话说"万事开头难"，但是"好的开始等于成功的一半"。如果教师不能有效激发学生的学习动机，学生的学习就会一直处于被动、消极的状态，无法提升学习的效果，无法实现教育教学的目标。但是，激发学生学习动机，让学生产生内在恒久的学习动力，谈何容易！笔者根据自身的教学实践，总结了以下几种方法供大家参考[①]。

（1）以意义教育为先导，从需求满足发展到价值追求，培养正确恒久的语文学习动机。

"没有学习者就没有学习"[②]，叶圣陶先生曾言："学习是学生自己的事，不调动他们的积极性，不让他们自己学，是无论如何也学不好的。"[③]要调动学生学习的积极性，产生自我学习的动机，语文教学首先必须让学生正确认识学习语文的独特意义和价值。当学生对语文学习的认识和思想达到一定的高度后，对语文学习的兴趣就可能转变为志趣，对语文学习的追求就会从需求满足发展到价值追求。教育实践表明，学生对某些学科缺乏学习动机，往往是由于对这门学科的重要意义缺乏深刻认识造成的。因此，教师在开始讲授语文课程之前，应先阐明学习语文课程的目标、任务、方法及其重要性和必要性，使学生认识到通过语文学习可以实现个体言语活动的自由、为其他学科的学习以及今后的人生的成功奠定良好的基础，让学生体会到其学习行

① 黎小敏. 激发学习动机，促使学习自觉 [J]. 中学语文教学，2006（7）：8-11.

② 林格伦. 课堂教育心理学 [M]. 章志光，张世富，肖毓秀，等译. 昆明：云南人民出版社，1983：9.

③ 张娟华. 浅议中学语文学习兴趣的激发 [J]. 湖南教育学院学报，1995（3）：95-96.

为的价值感，体会到现在的语文学习与今后的生活、工作、学习息息相关，现在的语文学习是对未来理想的接近，从而促进学生产生学习语文的强烈的认知内驱力，形成具有持久稳定性特征的内部动机。

（2）师生民主确定发展性的语文学习目标。

学习目标是推动学习活动的直接动力，它向外联系着教学要求和学生生活，向内联系着学生主体的需要。因此，语文学习目标的建立是实现语文学习动力内化和外化的一个关键环节。教师不能只给学生一些努力学习语文的抽象建议，也不能只是"一厢情愿"地给学生提供语文学习的目标，而要发扬民主精神，与学生一起商定学习的具体目标以及达到目标的方法，确保学生能够明确地知道他们将从整个中学阶段、一个学年、一个学期或一个单元、一节课的语文学习过程中学到什么，如何学，并有权利针对学习的目标、方法提出改进教与学的建议。

确定发展性的语文学习目标需遵循一些原则。其一是"最近发展区"原则。最近发展区（the zone of proximal development）理论是由苏联心理学家维果茨基提出的，是指"儿童独立解决问题的实际发展水平与在成人指导下或在有能力的同伴合作中解决问题的潜在发展水平之间的差距"。立足于学生的"最近发展区"确定的语文学习目标，可以通过教师指导、学生自我分析相结合的方式来制定，使之既具有挑战性，又能激发学生发展的动机，促进学生的有效发展。其二是自主性原则。学生可以自己选择和决定一个时期、一堂课的语文学习目标，甚至是教材上没有的内容。在有选择余地和自主的情况下，学生的学习目标是以自己的需要和自信心为基础的，其责任心和坚持性都会大大增加。所以，即便是在教学要求和目标已经确定的情况下，也要尽可能给学生创造更多的自我选择和决定的机会，哪怕是微不足道的一点自主都会给学生带来出乎预料的安全感、愉快感和责任感。著名语文教育家魏书生与学生一起"商量着学习"，"定向"的教学环节就充分体现了学生选择和决定学习目标的自主性原则。其三是个人目标要"绝对化"——以自身的进步为衡量标准。在教师的指导下，学生根据自身的情况决定某一段时间的语文学习目标，如阅读活动与写作活动的目标，之后，可以通过自我评价或与教师签订协议等方式进行监控，但评价的标准应是"绝对化"的，即以其自身的进步来衡量其学习的效果，使每个学生都有均等的成功机会。其四，教师应学会利用"前景教育"原则来引导学生建立语文学习的目标。教师引导学生通过体验未来的生活图景，通过对语文知识能力等的社会意义和个人价值的深刻理解，激发起对未来的向往和热情，确立积极的学习与生活的理想，从而产生稳定的学习动机。

（3）合理有效地组织语文教学过程，在学生原有需要的基础上不断激发和强化语文学习动机。

要合理有效地组织语文教学过程，首先须充分考虑学生的"学习准备"——原有的知识经验和能力等基础，像语文教育专家钱梦龙的"导读法"那样，一切从学生出发，因其"势"而利"导"之。利用学生个人原有的知识能力、生活经验，设置问题情境，运用灵活、多样、新颖的教学方法和手段引领教学内容，使新的学习内容与学生原有的"学习准备"相联系，以促进"有意义学习"活动的产生。同时，要注意把整个学习任务分为循序渐进的阶段性任务，并及时对每一阶段的学习效果进行及时的、充分的反馈和评价，使学生了解自己学习进步的状况，激发起进一步学习的动机，在原有"学习准备"的基础上不断发展自己。

其次，挖掘语文的人文魅力，增强语文学习的兴趣。语文学科与其他学科相比，有一个很大的特点，就是教材内容充满人文气息，生动形象。教材中的诗歌、散文、小说、戏剧，往往都是人类或者民族文化的经典，代代传诵。充分挖掘语文教材这一独有的魅力，可以吸引学生的注意，提高语文学习的兴趣。比如：我国传统语文教材"三、百、千、千"之所以能够广泛流传，主要的原因就是融汇了识字、知识性、思想性和趣味性等内涵，既便于儿童诵读、理解、记忆，又富有情趣和魅力。现行的语文教材中有不少诗文，内容丰富、语言精练、情景交融、有声有色，意境十分动人，教师如果能像语文教育专家于漪那样做到"声情并茂，熏陶感染"，学生们自然十分喜爱。教师既可以让学生在阅读、写作中感受语文人文的魅力，也可以指导他们课外开展朗诵、写作比赛，还可以根据一些情节性较强的课文如戏剧小说来排演课本剧，搜集一些材料开故事会等，以增强学生语文学习的兴趣。

再次，倡导语文合作学习。一般课堂中存在三种群体学习气氛，即自学、竞争和合作。在自学占主导的课堂中，奖励的基础是自我改进，强调自己目前成绩与过去成绩的比较，而不是与他人成绩的比较，故个人获得成功的机会是均等的，因为努力总会带来个人或多或少的进步；竞争或比较为主的课堂，则意味着一些人如果成功则另外多数人注定失败，容易削弱直接动力作用，产生消极防御行为和消极情感；在合作学习的课堂中，评价的基础是集体的共同成果，集体成员相互依赖，共同分享承担成功与失败，因而它激发的是一种共同努力，对集体负责的道德义务的动机。语文教学过程中引入合作学习模式，把个体间的竞争转变成小组间的竞争，既可以调动学生语文学习的积极性，又可以对学生的自尊心起到保护作用。这样，不但可以克服语文教学组织形式单一的缺陷，激发学生的学习动机，而且有助于培养学生的合作技能、合作精神和社会责任感。

（4）提供语文学习的成功体验，促进学习动力内化。

当学生的语文学习行为被引发起来后，保证学生对学习过程和结果的成功体验就成为培养语文学习动机的关键。

①要对学生多作肯定的评价。盖杰和伯令纳曾在他们合著的《教育心理学》一书中指出："表扬是一种最廉价、最易于使用且最有效的，但也是最容易被人们忽视的激发学生学习动机的方法。有时，教师忘记了他们对于学生的表扬是多么重要。我们看到，一些教师从不对学生说一句表扬的话。这种行为是不可原谅的！"对学生来说，没有比得到老师的夸奖更能鼓舞人心的了。肯定的教学评价不仅能促进学生的元认知思维的发展，而且能促进学生积极情感体验的升华。教师在评价学生时应当注意以下几个方面：其一，评价要及时。及时的评价才能更加引起学生的注意，使学生对评价产生清晰而深刻的印象。其二，评价要恰如其分，这样才能使教师的评价具有权威感，令学生对评价产生信任感。其三，评价内容要具体化。教师应尽力发掘学生语文学习过程中的具体的"闪光点"，能具体地指出其优点，然后再指出其不足之处，并勉励其改之。这样更能促进学生增强进一步学好的信心以及产生努力改正不足的愿望。其四，要把多种评价方式优化组合，最大限度地发挥评价的积极作用。传统评价的一个重大缺陷是评价形式单一，即只注重教师对学生和学习结果（分数）的评价。要改变传统评价的弊端，必须将多种评价方式优化组合。

②要引导学生学会学习语文，提高自我效能感。从某种意义上说，语文学习困难的学生，其最大的困难是不知道如何学习语文。所以，教师在培养学生语文学习动机的过程中，一项至关重要的工作就是要帮助他们学会如何学习，如何掌握语文学习的有效策略。美国教育心理学家加涅 (R. M. Gagne) 认为："个体不断学会成为自我学习的人，或者成为独立的学习者，其原因就是他们逐渐获得了调节自己内部过程的有效策略。"[①] 我们不能因为学生有

---

① 邵瑞珍.学与教的心理学 [M].上海：华东师范大学出版社，1990：103.

学习语文的困难，就只满足于向他们灌输知识，殊不知，灌输的结果只会使他们越来越被动，甚至对语文学习越来越反感。按照美国教育心理学家梅耶 (R. E. Mayer) 的理解，学习策略是"学习者为影响其如何加工信息所使用的各种行为"，我国有学者认为学习策略"是个人学习方法和对自己学习活动进行调节与控制以提高活动操作水平的技能"[①]。所以，掌握和使用语文学习策略的过程，就是让学生不断学会运用各种语文学习方法进行自我调节与控制的过程。教师结合语文学科内容的教学，帮助他们掌握知觉、注意、记忆和思维活动的普通认知策略、元认知策略和努力程度的调控策略、解决语文学科问题如阅读写作问题的特殊策略等，对学生改进语文学习肯定是大有益处的。一旦他们发现自己近来的语文学业成功得益于语文学习策略的运用，就会提高自我效能感，产生积极的成功体验，从而增强语文学习的动机，并进一步改进语文学习的方法，提高语文学习成绩。一般而言，掌握一定的语文学习方法和策略并在学习过程中加以运用的学生都有较高的语文学习的自信心。并且，语文学习方法和策略运用的成功一般会导致学生的高自信，因为语文学习的成功是在学习者有效的控制之下取得的，学生一般将之也归因于自己的语文学习能力，而在失败的情况下，他们则倾向于将失败归于语文学习策略方法不当，从而保持对语文学习的较强动机。

（5）表达出教师对学生的期望，创造语文学习的"皮格马利翁效应"。

教师对学生寄予积极的期望，可以激励学生朝着教师所期待的方向努力。"皮格马利翁效应"由美国心理学家罗森培尔和贾可布森根据做过的实验予以验证并提出。1968 年他们来到一所学校，煞有介事地对所有学生进行智能测试，然后把一份名单通知有关教师，说这个名单上的学生被鉴定为"新近开的花朵"，具有在不久的将来产生"学业冲刺"的潜力，并再三嘱咐教师对此"保密"。其实，这份名单是随意定的，根本不是智能测试的结果。但八个月后再进行智能测试时却出现了奇迹：被列入此名单的学生，不仅成绩提高很快，而且性格开朗，求知欲强烈，与教师的感情也特别深厚。罗森培尔和贾可布森借用希腊神话中一王子的名字，将这个实验发现的社会心理效应命名为"皮格马利翁效应"。所以，教师在语文教育教学过程中要重视教育期望的动力作用，教师首先应该相信学生，相信每个学生都有在语文学习上取得进步和成功的可能，并明确地向学生表达出真诚和美好的期

---

① 莫雷 . 教育心理学 [M]. 广州：广东高等教育出版社，2005：443-444.

望，激励师生双方努力上进，如同语文教育家魏书生那样，相信差生都有一个积极上进的自我能够战胜另一个消极的自我，因而差生在他班上也都能不断进步，并保持较强的学习动机和自觉性。

（6）引导学生进行合理归因，保持语文学习的动机。

在语文学习过程中，失败的经验无法避免。重要的是，学生对自己学业成败原因的解释，会影响他的自信心、学习活动的坚持性以及对后续活动成功的期望，并影响今后语文学习动机的强度。归因理论以及相关的研究表明，能力和努力是各种因素中两个最为主要的因素，将成功归因于能力和努力，有助于增强个体的自我效能感，使人感到满意和自豪，进而有助于以后的学习；如果将失败归因于能力，容易使人感到无助，导致学生放弃努力，久而久之，就会对学习听之任之，甚至破罐子破摔；如果将失败归因于努力，容易使人感到内疚，并能激发他更好地投入到以后的学习中去，通过努力来改变目前的境况。可见，积极进取的归因对于学生学习动机的保持、强化是十分必要的。归因倾向是后天形成的，因此语文教师可以根据学生的情况引导学生进行合理的归因，因势利导，培养和保持学生语文学习的动机。

2. 回忆已知，激活原有知识网络

《论语》提出："温故而知新，可以为师矣。"这句话揭示了学习的一个基本规律，即学习者的有效学习都是在自己先有概念、知识结构和认知模式的基础上，来理解、吸收新知识，从而构建新的知识网络，进而感受到学习的意义和收获的。《礼记》中提出了"教之所由废"的六种情形，其中的第三种情形就是"杂施而不孙，则坏乱而不脩"[①]，意思是如果教学杂乱无章、不注意循序渐进，那么教学就不容易收到效果。

我们在引导学生学习新的内容之前，先要从不同角度找到与学生先有概念、已有知识之间的关联，在新旧知识之间搭建一座联系的桥梁，将两者沟通起来，也就会将学生大脑的认知系统、神经网络沟通起来，从而可以让学生更有效地理解、吸收新知识，避免了死记硬背的学习，而使学习走向了理解性学习、有意义的学习。

那么，我们语文教学中，可以从哪些角度找到新旧知识之间的关联，以激发学生的回忆，激活学生原有知识网络呢？根据语文教学的特点，笔者归纳了以下几个角度：

---

① 高时良译注. 学记 [M]. 北京：人民教育出版社，2016：126.

（1）从作者入手。根据作者的不同人生经历、思想感情、作品等，找到新旧内容之间的关联，从而激发学生的回忆，有效激活学生原有知识网络。

比如，在学习高中课文名篇《沁园春·长沙》时，我喜欢从作者入手，先提问学生：初中学过毛主席的什么作品？学生自然会联想起毛主席的另一首词《沁园春·雪》，然后通过一起背诵、复习《沁园春·雪》的内容和文体知识等，唤起学生对作者伟大人格、理想抱负、思想情感等的理解，唤起学生对"沁园春"词牌有关知识，如上下两阕、一字领、先写景后抒情等特点的理解，从而让学生内心对作者和作品产生亲近感、敬佩感和好感。学生一旦有了这种对作者和作品在认知上和情感上的接受度，学习作者的另一首词《沁园春·长沙》自然就很顺畅了。而且将伟人不同人生阶段、不同人生阶段的作品和思想感情等联系起来，也更有利于学生在大脑中建构起伟人更加立体的形象，对伟人、对伟人作品的理解也更深刻，记忆更持久。

在中小学语文教材中，有不少作者反复出现，比如李白、杜甫、王维、苏轼、王安石、毛泽东、鲁迅、朱自清……我们可以很容易地从作者入手，找到新旧学习内容之间的关联，从而实现回忆已知、激活原有知识网络的目的。

（2）从作品的背景入手。任何作品，都有其时代背景；不同的作品，往往可以找到相同或相似的时代背景。借助相同或相似的时代背景，既可以帮助学生建立新旧学习内容的关联，也可以帮助学生更好地理解作品的时代意义和主题。

比如，在学习鲁迅的小说名篇《祝福》一文时，我喜欢先引导学生回忆初中学过的《故乡》《孔乙己》等文章，让学生思考闰土从英俊的少年闰土到麻木的中年闰土的苦难经历，孔乙己的悲惨命运，其中折射出的时代背景特点——"吃人"的社会制度和黑暗的社会环境。然后，引导学生思考：在同样的社会环境中，中国的底层劳动妇女会有怎样的命运呢？由此引发学生对《祝福》一文的学习兴趣，就自然而然地通过作品共同的时代背景，将新旧学习的内容联系起来，贯通为一体了。

（3）从作品内容入手。不同作者创作的不同题目的作品，往往会涉及相同或相似的内容、题材，因此我们在教学过程中，可以从内容入手，将新旧学习内容进行关联，让学生通过回顾以前学习的作品内容，激活学生原有知识网络，来学习、理解新的作品内容。

比如，我在教学杜甫的《登岳阳楼》和张孝祥的《念奴娇·过洞庭》两篇文章时，先让学生回忆初中学过的《岳阳楼记》，一起背诵范仲淹笔下对岳阳楼的描写："予观夫巴陵胜状，在洞庭一湖。衔远山，吞长江，浩浩汤汤，横无际涯；朝晖夕阴，气象万千。"通过回忆这些优美的描写，激活学生原有知识网络——在脑海中浮现洞庭湖的壮阔景象、万千气象，并产生美好的情感体验。接下来，学生就可以很好地理解杜甫笔下对洞庭湖的描写内容——"吴楚东南坼，乾坤日夜浮"，以及张孝祥笔下的"玉鉴琼田三万顷，着我扁舟一叶。素月分辉，明河共影，表里俱澄澈。"学生也很容易理解中国传统诗文中"情景交融"的写法，为学习新的内容、抒情方式奠定了基础。

中国历史悠久，山河壮丽，有很多的风景胜地、历史名城等被载入了文学作品，进入了中学的教材，比如泰山、庐山、长城、赤壁、西湖、长江、黄河、黄鹤楼、滕王阁、岳阳楼、金陵（石头城）……当然，还有很多写故乡、写亲人、写朋友、写边塞、写战争等内容的作品，这些文学作品中共同的内容，都为我们的教学活动提供了很好的素材，可以帮助我们有效激活学生原有知识网络。

（4）从作品的思想、感情和主旨入手。不同的作品，可以表达同样的思想、感情、主旨等。所以，我们可以从作品的思想、感情、主旨的角度入手，激活学生原有知识网络，引入到新的学习内容。

比如，我在教授契诃夫的《一个文官的死》《装在套子里的人》等文章时，就引导同学们回忆初中学过的《变色龙》一文，提问学生：警察奥楚蔑洛夫面对一只小狗，为什么会一会儿发冷，一会儿发热，一会儿喜爱小狗，一会儿又辱骂小狗？是什么导致了他人性的扭曲？学生会在回忆的愉悦之中，明确：警察奥楚蔑洛夫人性扭曲的根源是黑暗恐怖的沙皇专制统治。带着这种理解和知识基础，学生学习《一个文官的死》《装在套子里的人》等文章时，难度自然降低了很多，因为它们的主题是一致的、贯通的。

同样，在文学作品中，有很多表达思乡之情、亲情、友情、爱情、爱国之情、壮志难酬之情、批判现实黑暗之情等主题作品，这些共同的思想、感情、主旨，可以很好地帮助我们开展教学，有效激活学生原有知识网络，构建新的知识网络。

（5）从师生的生活实际入手。语文教材选文的内容，虽然可能离我们今天的时代久远，但是往往都源于现实生活，与我们的衣食住行、喜怒哀乐、悲欢离合等密切相关。所以，我们在教学中，不妨从身边入手，从我们和学生的现实生活实际入手，寻找到可以与书本的学习内容建立关联的东西，以此来激活学生原有知识网络，推进新知识的学习。这种方式，往往会让学生感到无比的亲切、自然、有趣而且通俗易懂。

比如，我在教授归有光的《项脊轩志》一文时，就先引导学生回忆：自己在家里书房读书、写作业，时间久了，是不是能够通过足音辨别家人？临近中考，压力大，晚上学习到很晚时，爸爸妈妈是不是经常会来敲门送牛奶、果汁，并问候你："儿寒乎？欲食乎？"甚至爷爷奶奶、外公外婆等长辈也经常关心、过问你的学习和考试成绩，希望你能够"出人头地"、金榜题名、光宗耀祖？并让你感受到一种沉甸甸的压力？成绩不好，就感觉对不起家人的殷切期望？……这些真切的生活体验，一旦被激活，学生就很容易读懂归有光的文章，并理解他深沉的思想感情。

再比如，我在和学生一起学习苏轼的《定风波·莫听穿林打叶声》这首词时，喜欢先给学生讲一个自己亲身经历的故事：1993年，我刚参加工作，那时学校建在山里面，要翻山越岭才能到。我在一个周末的晚上，返回学校去看望晚自习的学生，结果半路上狂风暴雨，电闪雷鸣，山上树木被吹得横七竖八，路上一片漆黑，只能借助闪电的光前行……雷一个一个打在脚边，近在咫尺！是继续前进，还是退回去？万一遇到野兽，万一被雷电击中……怎么办？想到周末返校自习的学生，想到自己是教师的身份，我一咬牙，便义无反顾地冒雨前行！同学们，我为什么有这种冒雨前行、不怕死的勇气呢？……因为我背诵过苏轼的"莫听穿林打叶声，何妨吟啸且徐行。竹杖芒鞋轻胜马，谁怕？一蓑烟雨任平生！"。人生有风有雨是常态，风雨兼程是状态，风雨无阻是心态，我们就应该在人生的风雨中，修炼自己"谁怕？一蓑烟雨任平生"的顽强心态。让我们一起向伟大的苏轼学习，一起来学习他的《定风波·莫听穿林打叶声》。

作为语文老师，我们常常要用作品感动学生，但这首先得感动自己。自己的亲身经历、人生感悟，因为真切、自然，所以往往能够吸引学生的注意力，引发学生的情感共鸣，进而激发学生学习的兴趣。因此，作为一个有血有肉有灵魂的老师、一个真实的人，我们不妨多和学生分享一些自己人生的"糗事"、故事，让学生感受到老师的真诚；或者让学生来分享他们自己的故事，教学相长，形成更融洽的师生关系，"亲其师、信其道"，从而让学生更好地跟随老师的步伐，登堂入室，逐步进入新的学习内容境界，构建新的知识网络。

3. 学习新知，更新知识网络——教学需要设计

通过"呈现刺激材料""提供学习指导""引出行为表现""提供反馈""测量行为表现"五个步骤，让学生学习新知，构建、更新知识网络，这是学习的核心环节，也是学生获取知识、能力、素养的关键环节，因此，必须进行精心设计，尤其是如何"呈现刺激材料"和如何"提供学习指导"两个步骤非常重要和关键。

首先，如何"呈现刺激材料"？我想，必须遵循语文教学的认知规律，遵循由言语内容到言语形式、由浅入深、循序渐进的原则，让学生在积极的语言实践活动中发展语文核心素养——"语言建构与运用""思维发展与提升""审美鉴赏与创造""文化传承与理解"等。核心素养的四个方面与认知过程的"记忆、理解、运用、分析、评价和创造"六级水平相对应，关系大体如下：

"语言建构与运用"：其实现的路径，是要求教师在语文教学过程中有效培养学生对"言语内容"中音、字、词、句子、标点等的记忆、理解、运用的能力；

"思维发展与提升"：其实现的路径，是要求教师在语文教学过程中有效培养学生对"言语内容"中课文内容的理解、分析、评价的能力；

"审美鉴赏与创造"：其实现的路径，是要求教师在语文教学过程中有效培养学生对"言语形式"中的作品结构特点，衔接过渡、谋篇布局、遣词造句的方法，各种表达技巧等及效果的分析、评价能力，并在此基础上进行自我审美创造的能力；

"文化传承与理解"：其实现的路径，是要求教师在语文教学过程中有效培养学生对"言语内容"中蕴含的情感、态度、价值观等的理解、吸收与传承的能力。

具体而言，"呈现刺激材料"的过程，就是学生在积极的语言实践活动中发展语文核心素养的过程，直接指向培养学生听、说、读、写、思等语文核心能力和关键品格。学生在识记、理解文本的音、字、词、句子、标点的意义和用法基础上，实现"语言建构"的基础目标；通过理清思路、概括要点、揣摩语言、提要钩玄、质疑解难等语言实践活动，实现"思维发展与提升""审美鉴赏与创造""文化传承与理解"等更高层次目标。

由基础目标到高层次目标，需要遵循由言语内容到言语形式、由浅入

深、循序渐进的原则。没有对言语内容的理解、分析，就无法上升到遣词造句的表达技巧、篇章结构特点等言语形式的分析。即使是言语内容的分析，也必须遵循由浅入深、循序渐进的原则。比如在实际的语文课堂教学中，我们经常会发现这种现象：学生刚刚阅读完一遍文章，老师就请同学回答这篇文章的中心、主旨是什么，作者是如何表达这个中心、主旨的。学生往往被老师的提问弄得目瞪口呆。为什么会这样？就是因为教师的这种问题设计脱离了由浅入深、循序渐进的原则。学生通读一遍文章，只是初步感知了文本的字、词、句、段的表层大意而已，只是完成了局部、零碎的理解，在没有理清全文各段落之间的层次思路、概括各段落要点的基础上，怎么可能直接概括出全文的写作思路、全文的中心和主旨呢？学生的"语言建构与运用""思维发展与提升""审美鉴赏与创造""文化传承与理解"四个方面各自的内部都是有层次的、有先后顺序的，在教学设计时不能颠倒其逻辑先后，否则会误人子弟。因此，我们反复强调"呈现刺激材料"——语言实践活动过程，一定要科学地进行设计，才可能有效避免传统语文教学"少、慢、差、费"的缺点。

其次，"提供学习指导"的环节是语文教学不可或缺的重要环节。这是语文学习由感性上升到理性的过程，由具体到抽象的过程，由特殊到普遍的过程，目的在于让学生在前面的学习活动基础上"举三反一"，总结归纳出语文学习的方法和规律，以指导后续的语文学习，实现"举一反三"的目标。学生无论是在老师的指导下，还是自己自主地对学习内容进行回顾、分析、总结、归纳，都是实现有效学习必不可少的环节，而且它有利于调动学生的元认知活动，如反问自己："我刚才学习的主要知识是什么？为什么答案、方法是这样的？我是怎么学的？其中的方法规律是什么……"让学生在反思自己的学习行为和学习过程中，不断培养起自主意识、主体意识，逐渐成为自己学习的监控者和主人，而不是在老师的监督下被动地学习。教师主导的传统课堂，一不小心就会变成教师的"满堂灌"课堂，学生成为被动接受知识的听众和学习的旁观者，久而久之，学生就会产生错误的观念："他们永远不可能左右知识。知识不是他们的，他们不知道知识从何而来，也不知道可以用知识做些什么。他们只能依靠专家，由专家替他们思考。"[①] 因此，教师在新知识的学习结束时，一定要给学生"提供学习指导"，把时间

---

① 焦尔当.学习的本质[M].杭零，译.上海：华东师范大学出版社，2015：115.

和学习机会给学生，引导学生对学习内容、过程进行回顾、梳理，总结其中的学习方法和规律。

再次，"引出行为表现""提供反馈""测量行为表现"这三个环节是"三位一体"的，其实就是对学生的学习效果及时进行检测、反馈，通过让学生做课内或课外相关练习，来观察、测量、分析学习结果，并反馈给学生，以便进行查漏补缺，不断巩固、提升语文能力。

以上环节，都需要教师在开始教学之前，进行精心的局部设计和整体设计。教学无小事，没有设计的教学是不负责任的教学，也必然是低效率的、随意的教学。

4. 拓展与迁移

最后一个学习阶段——"拓展与迁移"非常重要，因为这是真正检验学生有没有掌握学习方法、规律，能不能举一反三、触类旁通，实现学习能力迁移的重要一环。

此阶段，一般是根据所学的知识点、能力点、学习方法、语文素养培养目标等，设计新的学习任务，比如另选同类文本进行测验，或举行竞赛活动等，让学生运用所学的知识、技能、方法，在新的情境、新的文本中，在更广的领域中解决新的问题，以进一步巩固前面所学内容，提升语文素养。

此阶段需要注意，"拓展与迁移"选择的文本内容至关重要，一定要切合前期所学的文本性质、知识点以及培养学生的素养目标，以"学什么，练什么"为原则，前后一致，不能前后相脱离。比如，前面学习的是古典诗词的鉴赏，"拓展与迁移"选择的文本内容也应该是古典诗歌，而不是现代诗歌、小说、散文、戏剧等，这样才能使语文教学内容和学生的素养培养环环相扣、循序渐进。

三、九层次

九层次即引起学生注意，告知学生目标，激起回忆先决条件，呈现刺激材料，提供学习指导，引出行为表现，提供反馈，测量行为表现，促进保持与迁移九个层次，包含于"四部分"的"教学事件"中，与"四阶段"环环相扣。

（1）引起学生注意，即把学生的注意力吸引到新课的教学内容上来。在现实的教学中，教师由于日复一日"重复性"教学，对课堂、学生容易熟视无睹，缺乏激情，缺乏刻意引发学生注意、激发学生学习动机的动力。"好的开始是成功的一半"，作为教学的起点，引起学生注意、营造学习氛围和情境其实非常重要。

（2）告知学生目标，即将本次教学的目标、预期的学习结果告知学生，让学生明白本次学习的意义和价值。

以上1、2两个层次，归属于教学活动的第一个阶段——"激发学习动机"。学习动机是高效学习的前提，学生没有学习动机，就没有对学习的内在需求和渴望，就不可能产生真正的学习。"引起学生注意"是为了让学生将注意力转移到课堂的学习上来，方式方法很多，没有唯一的做法；"告知学生目标"是为了让学生认识到学习的意义和价值，赋予教学过程"庄重"的色彩、"严肃"的意义，以激发学生对学习知识本身的直接兴趣，这种直接兴趣才是学生能够持久学习的深层动力。"我们一直强调意向在学习的动力机制中的重要性，它是一个必不可少的出发点，但即使有了意向，知识的更新也可能还是无法进行。只激发学习的意向，不足以让学生哪怕只是稍稍炼制一下知识。很遗憾，事实就是如此。学习者只有在为学习制造出一层意义时才能占有知识。"①

（3）激起回忆先决条件，即激发学生对已有相关知识的回忆，为开展新的学习内容做准备、做铺垫，这是新知识学习的前提和先决条件。

"对学习影响最大的因素是学习者关于自己将要涉足的知识领域的先有认知。如果没有这种认知，那么他虽然学习了知识，这些知识也只是以根深蒂固的先有观念作为背景。"②学生的已有知识、先有认知和观念，构成了对新知识的学习最大的便利条件或阻碍条件，不容忽视。

"关于学习的各种研究尽管有所分歧，但都一致证明了学习者不是一张教师可以在上面写下知识的白纸。所有儿童和成年人都通过自己的先有概念来理解世界、解码信息。不过，先有概念是多种多样的。与学习者个人、其周边的物质环境和社会环境有关的一切都有相应的先有概念。它们是一个人所拥有的分析网络，并赋予他周围的事物以意义。它决定了个人的立场，使其可以作出预测。"③显然，学习者都是根据自己的先有概念、知识结构和认知模式来理解、吸收新知识的。如果原有的概念、知识结构完整全面，能

---

① 焦尔当. 学习的本质 [M]. 杭零，译. 上海：华东师范大学出版社，2015：79.
② 焦尔当. 学习的本质 [M]. 杭零，译. 上海：华东师范大学出版社，2015：111.
③ 焦尔当. 学习的本质 [M]. 杭零，译. 上海：华东师范大学出版社，2015：119.

够与新知识建立有效的联系，为新知识的学习做好铺垫，那么，学习者学习新知识就会更加轻松而且牢固，大脑的学习负担也会减轻，并引发对学习的愉悦感和成就感，对新知识的学习产生良好的促进作用。因此，教师在教授新知识之前，一定要想方设法找到学生已学的且与新知识密切相关的先有概念、已有知识，也就是著名心理学家维果茨基（Lev Vygotsky）提出的教育主张，即教师要找到学生的"最近发展区"，以便让学生在先有概念、已有知识的大背景下，调动其积极性，发挥其潜能，从而使其更加有效地理解、吸收新知识，超越其"最近发展区"而达到下一发展阶段的水平。这种学习不是死记硬背的学习，而是与自己已有知识关系密切、有意义的理解性学习。

"激起回忆先决条件"这个层次，归属于教学活动的第二个阶段——"回忆已知，激活原有知识网络"。

（4）呈现刺激材料，即在回忆已有知识的基础上，经过精心的设计，科学地、有步骤地呈现新的学习内容，让新的学习内容与学生已有知识"同化"或"重构"，丰富原有知识网络或构建新的知识网络，促进深度思维和深层学习，以发展学生新的技能、素养。

（5）提供学习指导，即教师指导学生，或与学生一起对第 4 个层次的学习内容进行回顾、分析，总结其方法、规律或规则，让学生熟悉方法、规律或规则，以便在后续的学习中能够举一反三。

（6）引出行为表现，即提供新的学习材料，如变式练习，让学生运用第 5 个层次的方法和规则，进行及时的、有针对性的实战训练，展示技能，形成能力。

（7）提供反馈，即对学生的上述第 6 个层次训练的结果进行反馈，让学生清楚自己练习的结果，如做对与否、得分率高低等，以促进学生反思，对知识进行查漏补缺，对学习方法进行改进，对学习态度进行纠正，等等。

（8）测量行为表现，即针对本次学习内容的要点，对学生进行测试检验，比如随堂小测验、课外练习检测、单元测验等。

以上 4～8 五个层次，归属于教学活动的第三个阶段——"学习新知，更新知识网络"。这个阶段是学习的重点环节，其中"引出行为表现""提供反馈""测量行为表现"三个环节，在实际教学中，不一定在每堂课上都要完成，"引出行为表现""提供反馈"往往是作为课后作业的环节来进行，而"测量行为表现"往往是在单元测验或模块考试中进行。当然，如果课堂教学效率高，能够当堂进行及时检测反馈、巩固，则学习效果更好。

（9）促进保持与迁移，即根据上述所学的知识点，设计新的学习任务或举行竞赛活动等，进一步巩固学生所学知识和技能，并将本次学习掌握的技能迁移到更广的领域。

"促进保持与迁移"层次，归属于教学活动的第四个阶段——拓展与迁移。

以上只是对四部分、四阶段、九层次的简要概述，它们是一个教学有机体、一个闭环的教学系统，还涉及很多值得我们深入研究的问题。

第三节　微观"导教"策略——"立足文体化思维，凸显语文学科特点"

语文学科核心素养——"语言建构与运用""思维发展与提升""审美鉴赏与创造""文化传承与理解"四个维度很有深度，尤其是"思维发展与提升"对于语文教学的意义至关重要。

《普通高中语文课程标准（2017 年版）》指出："思维发展与提升是指学生在语文学习过程中，通过语言运用，获得直觉思维、形象思维、逻辑思维、辩证思维和创造思维的发展，促进深刻性、敏捷性、灵活性、批判性和独创性等思维品质的提升。"[1]

"语言的发展与思维的发展相互依存，相辅相成"。[2]

"4．增强形象思维能力。获得对语言和文学形象的直觉体验；在阅读与鉴赏、表达与交流、梳理与探究活动中运用联想和想象，丰富自己对现实生活和文学形象的感受与理解，丰富自己的经验与语言表达。

"5．发展逻辑思维。能够辨识、分析、比较、归纳和概括基本的语言现象和文学现象，并能有理有据地表达自己的观点和阐述自己的发现；运用基本的语言规律和逻辑规则，判别语言运用的正误，准确、生动、有逻辑地表达自己的认识；运用批判性思维审视语言文字作品，探究和发现语言现象和文学现象，形成自己对语言和文学的认识。

"6．提升思维品质。自觉分析和反思自己的语文实践活动经验，提

---

[1] 普通高中语文课程标准（2017 年版）[M]. 北京：人民教育出版社，2018：4.
[2] 普通高中语文课程标准（2017 年版）[M]. 北京：人民教育出版社，2018：5.

高语言运用的能力，增强思维的深刻性、敏捷性、灵活性、批判性和独创性。"① 以上阐释，专家学者在"联想和想象；辨识，分析，比较，归纳和概括；逻辑；批判性思维"等基础上，提出培养学生"思维的深刻性、灵活性、敏捷性、批判性、独创性"，有一定的道理，但是依旧空泛，因为"思维的深刻性、灵活性、敏捷性、批判性、独创性"是所有学科的共性，而不能体现语文学科的独特性。

"除语文学科外，其他学科的核心素养大都含有思维素养，比如数学学科的核心素养就有数学抽象、数学建模、数学运算、数据分析，这些素养全都属于思维素养；物理学科中的科学思维，化学学科中的证据推理与模型认知，生物学科中的理性思维，政治学科中的理性精神，历史学科中的历史价值观，地理学科中的综合思维，艺术中的创意表达等核心素养全是思维素养。那么语文学科的思维素养与其他学科的思维素养，其独特性表现在哪里呢？"②

我们经常说教师的某堂课缺乏"语文味"，比如诗歌的课堂教学，感觉像散文、小说的教学，没有诗歌的味道、氛围；而散文的课堂教学，又感觉像小说的教学，没有散文的味道、氛围。同样，学生做阅读理解题的时候经常张冠李戴、思路混乱不清。比如鉴赏小说的人物形象时，将小说中的"我"当成作者来分析，不能正确区分小说中"我"的虚构性与作者的真实性；分析小说情节时，说小说情节紧凑，"形散而神聚"，将小说与散文混淆；做论述类文本阅读时，将论点与论据的关系理解为"总说与分说"的关系；写议论文的时候，出现大篇幅的细节描写、人物对话……

为什么教师和学生会出现上述现象？根本的原因是专业性思维的缺失。本人结合 30 多年一线语文教学的经验，发现语文教师教不好或学生学不好语文的关键因素之一的确是思维的缺失，是基于语文学科特有的专业性思维的缺失。如果能将语文学科特有的专业性思维与教育教学的科学性结合起来，将大大有益于实现语文教学的有效性、高效性。专业性思维的缺失正是我们众多语文教师教学面临的难题之一。

如何突破这个难题？本书提出了"文体化思维"这一概念，意思是当教师和学生进入语文文本阅读的时候，首先要判断该文本的文体，明确其文体特征和核心要素；然后依据该文体的主要特征、核心要素等对文本进行阅

① 普通高中语文课程标准（2017 年版）[M]. 北京：人民教育出版社，2018：6.
② 陈剑泉. 基于语文学科特点的思维素养 [J]. 新课程研究（上旬刊），2018(7)：36-39.

读、理解、鉴赏、评价，避免因脱离文体特征而泛泛而谈。

目前中学语文教学和考试的阅读文本，主要包括诗歌、散文、小说、戏剧、传记、论述文、说明文等文体，而不同文体具有不同的文体特征和核心要素，以此为基础的"文体化思维"，突破了专家学者在"联想和想象；辨识、分析、比较、归纳和概括；逻辑；批判性思维"等基础上提出的培养学生"思维的深刻性、灵活性、敏捷性、批判性、独创性"的空泛界定，凸显了语文学科自身独有的特点，有利于语文教师深入地开展"专业化"的语文教学微观研究，更加科学、细致地引导语文教学过程，促进学生的深度学习、专业化学习。

本人和研究小组成员，立足文体特征，依据高考阅读文本的主要文体——诗歌、散文、小说、戏剧、传记、论述文等的不同文体特征，撰写了一系列研究论文与教学案例，使之既有一定的理论基础，又具有可操作性、示范性和借鉴性。

论文《语文核心素养背景下科学"导教"策略研究——从议论文的文体特征入手》，从论述文的文体特征出发，紧扣议论文的逻辑性，以高中语文学科核心素养中的思维能力的发展和思维品质的提升为目标，设置科学的导教环节，形成一个议论性文本的教与学的模式，从而引导教师在课堂上有效地解读议论性文本，并从根本上提升学生对议论性文本的思维能力。

论文《语文核心素养背景下科学"导教"策略研究——从诗歌的文体特征入手》，从诗歌的文本特征出发，紧扣诗歌特有的"三美"——音乐美、意境美、情感美，以高中语文学科核心素养中的思维能力的发展和思维品质的提升为目标，设置科学的导教环节，以形象直观的方式帮助学生理解诗歌抽象的问题，形成一个诗歌的教与学的模式，从而引导教师在课堂上有效地解读诗歌，并从根本上提升学生对诗歌文本的思维能力。

论文《语文核心素养背景下科学"导教"策略研究——从现代人物传记的五个特征入手》，紧扣传记的真实性、文学性、概括性、形象性、启示性五大特征，以高中语文学科核心素养中的思维能力的发展和思维品质的提升为目标，设置科学的导教策略，将教学内容与思维训练相结合，把培养学生思维品质的深刻性、批判性、独创性渗透在教学环节中，形成一个现代人物传记的教与学的模式，从而引导教师在课堂上有效地指导学生进行传记阅读，提升学生对传记文本的思维能力。

论文《语文核心素养背景下科学"导教"策略研究——从现代散文的文

本特征入手》，从散文的文本特征出发，紧扣不同类型散文的不同特点，以高中语文学科核心素养中的思维能力的发展与思维品质的提升为目标，结合文本特征和学生的实际设计积极的言语实践活动，形成一个现代散文的教与学的模式，从而引导教师在课堂上有效地指导学生进行散文阅读，提升学生对散文文本的思维能力。

论文《语文核心素养背景下科学"导教"策略研究——从戏剧的三要素入手》，从戏剧文本的特征出发，紧扣戏剧的矛盾冲突、人物和语言三个要素，以高中语文学科核心素养中的思维能力的发展和思维品质的提升为目标，设置科学的导教环节，形成一个戏剧文本的教与学的模式，从而引导教师在课堂上有效地指导学生解读戏剧文本，并从根本上提升学生对戏剧文本的思维能力。

论文《语文核心素养背景下科学"导教"策略研究——从小说文体特征入手》，在传统小说观和现代小说观的基础上，紧扣小说的文体特征，以高中语文学科核心素养中的思维能力的发展与思维品质的提升为目标，设置科学的导教策略，将小说文体特征与思维培养相对接，形成一个小说文本教与学的模式，引导教师在课堂上有效地指导学生进行小说阅读，提升学生对小说文本的思维能力。

第四节　教学设计模板及课例实录

一、教学设计模板

我们依据"四维一体，闭环设计"宏观导教策略、"四四九式，循序渐进"的中观导教策略和"立足文体化思维，凸显语文学科特点"的微观导教策略，尝试设计了语文教学设计的模板，以引导语文老师进行教学设计，见表2-6。

表2-6　语文教学设计模板

课题：＿＿＿＿＿＿＿＿	
设计与执教者：	学生年级：
学习目标：	
1.	

续上表

2.
 	
3.
 	
学习结果类型与学习条件分析：属于_____学习。
 	
    所需要的条件是：
 	
    1.
 	
    2.
 	
    3.
 	
起点能力（找到新知识学习的起点、先决条件）：
 	
    1.
 	
    2.
 	
学生能力结构分析：
 	
<div align="center">终点目标</div>
 	
<div align="center">起点能力</div>
 	
课堂教学过程：
 	
<div align="center">课时：_____</div>

本课时目标		
教学事件	教学活动及策略	评析
一、激发学习动机 （1. 引起学生注意 2. 告知学生目标）		通过各种方式，如补充有趣材料，唤醒责任感，展示学习与知识本身的魅力，展示教师魅力……通过直接兴趣或间接兴趣激发学生的学习动机；明确学习的目标

教学事件	教学活动及策略	评析
二、回忆已知 （3. 激起回忆先决条件）		通过回忆，巩固起点能力；找到新学习的起点，有利于确定学生的"最近发展区"
三、学习新知 （4. 呈现刺激材料——精心组织的新材料）		这个阶段是教学的重点阶段。要紧扣前面所述"四维一体，闭环设计"宏观导教策略中的"教学内容、教学目标、教学策略"，并结合"微观导教"的"文体化思维"，精心设计科学合理的教学内容、策略、流程
四、归纳、总结 （5. 提供学习指导）		在教师的指导下，学生归纳出学习的"规则"。"规则"是普适性的，为后续的能力迁移做准备
五、变式练习 （6. 引出行为表现 7. 提供反馈）		变式练习是学生运用"规则"和各种学习策略的过程，可以帮助学生举一反三，实现能力的巩固；及时反馈练习结果，以帮助学生改进学习
六、作业检测 （8. 测量行为表现 9. 促进保持与迁移）		通过科学检测，进一步巩固新知识，并通过拓展学习内容、学习活动等实现学习能力的迁移
七、反思与改进		教师与学生反思教与学的过程，不断总结、优化教与学的策略

二、课例及课堂实录

1.《装在套子里的人》教学设计（见表 2-7）

表 2-7　《装在套子里的人》教学设计

课题：　装在套子里的人

学习目标：

1. 语言建构与运用：品读文本"语言"，分角色对话，发展语言能力。
2. 思维发展与提升：文体化思维，"分析归纳"人物形象及其思想根源。
3. 审美鉴赏与创造：群文阅读，"比较"鉴赏不同写作技巧。
4. 文化传承与理解：理解契诃夫批判现实主义文学创作的文化背景。

学习结果类型与学习条件分析：属于　高级技能（含智慧技能、认知策略）　学习。

续上表

所需要的条件是：

1. 学生掌握小说基本知识，具有分角色对话、表演的动机和能力。

2. 多媒体演示设备。

3. 契诃夫的系列小说"群文"《变色龙》《一个文官的死》《六号病房》等。

起点能力：

1. 通过上学期的小说学习以及必修 5 第一课《林教头风雪山神庙》的学习，激发了小说学习的兴趣，掌握了有关小说的基本知识。

2. 学生具备一定的语言表达能力和分角色表演能力。

学生能力结构分析：

终点目标

1. 培养"文体化思维"，立足小说的文体特征来分析文本；

2. 通过比较阅读，"分析归纳"人物形象及其思想根源。

通过分角色对话、研讨，分析人物的个性、命运。

1. 掌握了有关小说的基本知识；

2. 学生具备一定的分角色表演和对话能力。

起点能力

教学过程：

课时：　第二课时

本课时目标	群文比较阅读，培养学生"文体化思维"	
教学事件	教学活动及策略	评析
一、激发学习动机	设问：别里科夫给自己设置各种套子把自己封闭起来，他的内心本质上究竟"怕"什么？	通过深入发问，激发学生探究兴趣
二、回忆已知	1.《变色龙》中的奥楚蔑洛夫； 2.《一个文官的死》中的伊凡·德米特里·切尔维亚科夫 说明与反思：通过回顾已学小说的主人公特点，为学生理解新的人物形象奠定基础。	巩固起点能力

教学事件	教学活动及策略	评析
三、学习新知	1. 分角色对话，直观感受文本的内容，发展学生的语言能力； 2. 填表：通过群文比较阅读，深入思考人物悲剧命运的根源，挖掘小说的主题，让学生学会正确地阅读大师的作品； 3. 培养"文体化思维"鉴赏小说的方法。 （见下表）	这个阶段是教学的重点时段

课　文	套中人	文官之死	六号病房	变色龙	共同主题
主人公	别里科夫	伊凡	安德烈	奥楚蔑洛夫	"小人物大社会"：以"小人物"之悲，揭示"大社会"：黑暗、反动、残暴、恐怖
身份角色	中学教师	庶务官	医生	警官	
特点	胆小怯懦、顽固守旧。旧秩序的维护者及受害者（两重性）	胆小怯懦、猥琐。受害者	正直、关心病人。受害者	反复"变色"。旧秩序的维护者	
命运	死了？为什么	死了？为什么	死了！惨	不断变色、病态	
凶手	华氏姐弟、当局？	自己？将军	尼基塔	（狗）将军	
共同根源	当局、将军、尼基塔……成为一个共同的"符号"：黑暗、残暴、恐怖（吃人）				

教学事件	教学活动及策略	评析
四、归纳、总结	1. 明确"小人物大社会"的创作特点； 2. 归纳小说文体的特点，掌握小说鉴赏的思维规律，明确"文体化思维"的意义。 说明与反思：学生通过对契诃夫系列小说"群文阅读"，不仅把握了小说的主题，而且对人物的个性和命运有了更加深刻的认识	师生共同归纳出学习的规则
五、变式练习	阅读契诃夫短篇小说选集中的其他作品，如《苦恼》，思考主人公马车夫约纳的人物命运及小说主题。 说明与反思：通过分析主人公的性格特点、命运，人与人之间的关系，帮助学生准确深入地理解小说的主题	运用规则策略性知识
六、作业检测	布置学生阅读《契诃夫短篇小说选》的其他作品，运用文体化思维的方法，从小说的核心要素入手，分析人物命运的根源，挖掘小说的主题。 说明与反思：巩固所学知识，并考查学生的迁移能力	检测、反馈
七、反思与改进		

2.《装在套子里的人》课堂实录（见表2-8）

表2-8 《装在套子里的人》课堂实录

课题： 《装在套子里的人》

执教人：黎小敏

时间：2018年9月20日

地点：广东实验中学阶梯教室一

学生：高二1班

一、引入，激发学习动机

师：掌声欢迎来现场听课、指导的老师们。有老师们的助力，我们1班同学们的语文课将更加精彩，对不对？

生：对！（笑）

二、回忆已知

师：好。契诃夫给世界文学领域创造了很多令人难忘的"可爱的"小人物，如《变色龙》中不断变色的警察——奥楚蔑洛夫，《一个文官的死》中因为一个喷嚏引发人生悲剧的小文官——切尔维亚科夫，还有我们上节课分析的一个"可爱的"人物——别里科夫。他的特点就是有很多的"套子"，他的各种"套子"大致可以归纳为两个方面，一方面是我们看得见的，是什么？

生：有形的。

师：一方面是我们看不见的，是什么？

生：无形的。

三、学习新知

师：今天我们接着深入学习。先看我们的学习目标，有四个维度。语言构建与运用方面，主要环节是分角色对话，以此来发展同学们的语言能力；思维方面，我们总结了一种思维叫"文体化思维"，希望大家能够理解、掌握；审美鉴赏与创作，我们希望通过"群文阅读"的方式，帮助同学们学会比较鉴赏的方法，学会运用不同的写作技巧；文化传承与理解，希望大家能够结合大师作品的创作背景，理解特定的历史文化特点。

好，现在我们来进行分角色对话。请几位同学来还原一下文中的情景，让我们一起思考：在别里科夫的内心，或者从本质上说，他究竟怕什么东西？他有那么多套子，但都没有保护好他，最后还是弄死了他。是什么东西弄死了他？

让我们带着前面的这两个问题，来欣赏同学们的表演性对话。掌声有请语文科代表来主持。（鼓掌）

1. 分角色表演性对话。

科代表：老师们、同学们，大家好，为了更好地呈现人物的内心活动，我们请了一些同学来进行角色扮演，让我们用掌声欢迎他们。

【注：生1为旁白，生2为别里科夫，生3为华连卡，生4为"我"，生5为柯瓦连科】

生1：可是，这个装在套子里的人，差点结了婚。由于校长太太的尽力撮合，华连卡开始对我们的别里科夫明白地表示好感了。华连卡长得不坏，招人喜欢；她是五等文官的女儿，有田产；尤其要紧的，她是第一个待他诚恳而亲热的女人。于是他昏了头，决定结婚了。但是华连卡的弟弟从认识别里科夫的第一天起，就讨厌他。后来有个促狭鬼画了一张漫画，画着别里科夫打了雨伞，穿了雨鞋，卷起裤腿，正在走路，臂弯里挽着华连卡；下面缀着一个题名："恋爱中的anthropos。"您知道，那神态画得像极了。那位画家一定画了不止一夜，因为男子中学和女子中学里的教师们、神学校的教师们、衙门里的官儿，全接到一份。别里科夫也接到一份。这幅漫画弄得他难堪极了。

生2："天下竟有这么歹毒的坏人！"（众人笑）

生1：我甚至可怜他了。我们走啊走的，忽然间，柯瓦连科骑着自行车来了。他的后面，华连卡也骑着自行车来了。涨红了脸，筋疲力尽，可是快活，兴高采烈。

生3："嗨，可爱的别里科夫，我们先走一步！多可爱的天气！多可爱，可爱得要命！"

生1：他俩走远，不见了。别里科夫脸色从发青到发白。他站住，瞟着我。

生2："这是怎么回事？或者，也许我的眼睛骗了我？难道中学教师和小姐骑自行车还成体统吗？"

生4："这有什么不成体统的？让他们尽管骑他们的自行车，快快活活地玩一阵好了。"

生2："可是这怎么行？""您在说什么呀？"

生1：第二天他老是心神不定地搓手，打哆嗦；从他的脸色分明看得出来他病了。还没到放学的时候，他就走了，这在他还是生平第一回呢。他没吃午饭。将近傍晚，他穿得暖暖和和的，到柯瓦连科家里去了。华连卡不在家，就只碰到她弟弟。

生5："请坐！"

生2："我上您这儿来，是为要了却我的一桩心事。我烦恼得很，烦恼得很。有个不怀好意的家伙画了一张荒唐的漫画，画的是我和另一个跟您和我都有密切关系的人。我认为我有责任向您保证我跟这事没一点关系。……我没有做出什么事来该得到这样的讥诮——刚好相反，我的举动素来在各方面都称得起是正人君子。"

另外我有件事情要跟您谈一谈。我在这儿做了多年的事，您最近才来；既然我是一个比您年纪大的同事，我就认为我有责任给您进一个忠告。您骑自行车，这种消遣，对青年的教育者来说，是绝对不合宜的！"

生5："怎么见得？"

生2："难道这还用解释吗，密哈益·沙维奇，难道这不是理所当然吗？如果教师骑自行车，那还能希望学生做出什么好事来？他们所能做的就只有倒过来，用脑袋走路

续上表

了！既然政府还没有发出通告，允许做这件事，那就做不得。昨天我吓坏了！我一看见您的姐姐，眼前就变得一片漆黑。一位小姐，或者一个姑娘，却骑自行车——这太可怕了！"

生5："您到底要怎么样？"

生2："我所要做的只有一件事，就是忠告您，密哈益·沙维奇。您是青年人，您前途远大，您的举动得十分十分小心才成；您却这么马马虎虎，唉，这么马马虎虎！您穿着绣花衬衫出门，人家经常看见您在大街上拿着书走来走去；现在呢，又骑什么自行车。校长会说您和您姐姐骑自行车的，然后，这事又会传到督学的耳朵里……这还会有好下场么？"

生5："讲到我姐姐和我骑自行车，这可不干别人的事。""谁要来管我的私事，就叫他滚！"

生2："您用这种口吻跟我讲话，那我不能再讲下去了。我请求您在我面前谈到上司的时候不要这样说话；您对上司应当尊敬才对。"

生5："难道我对上司说了什么不好的话？""请您躲开我。我是正大光明的人，不愿意跟您这样的先生讲话。我不喜欢那些背地里进谗言的人。"

生2："随您怎么说，都由您好了。""只是我得跟您预先声明一下：说不定有人偷听了我们的谈话了，为了避免我们的谈话被人家误解以致闹出什么乱子起见，我得把我们的谈话内容报告校长——把大意说明一下。我不能不这样做。"

生5："报告他？好，去，尽管报告去吧！"

生1：柯瓦连科在他后面一把抓住他的前领，使劲一推，别里科夫就连同他的雨鞋一齐乒乒乓乓地滚下楼去。楼梯又高又陡，不过他滚到楼下却安然无恙，站起来，摸摸鼻子，看了看他的眼镜碎了没有。可是，他滚下楼的时候，偏巧华连卡回来了，带着两女士。

生2："哎呀，这样一来，全城的人都会知道这件事，还会传到校长耳朵里去，还会传到督学耳朵里去。哎呀，不定会闹出什么乱子！说不定又会有一张漫画，到头来弄得我奉命退休吧。"

生（齐声）："哈哈哈！"

生1：这响亮而清脆的"哈哈哈"就此结束了一切事情——结束了预想中的婚事，结束了别里科夫的人间生活。过了一个月，别里科夫死了。我们都去送葬。我们要老实说，埋葬别里科夫那样的人，是一件大快人心的事。可是一个礼拜还没有过完，生活又恢复旧样子，跟先前一样郁闷、无聊、乱糟糟了。局面并没有好一点。实在，虽然我们埋葬了别里科夫，可是这种装在套子里的人，却还有许多，将来也还不知道有多少呢！

（鼓掌）

2. 群文阅读比较。

师：好，感谢几位表演的同学。我们上次梳理了三个情节中别里科夫的神态、心理和动作，我们要思考一个问题：别里科夫在害怕些什么呢？从文中找他的害怕表现。开始别里科夫"他脸色发青，比乌云还要阴沉"，后面关于骑自行车的事情，我们的主人公别里科夫"从发青到发白"，到后来的脸色苍白，到底在担心害怕什么？请大家从文中寻找，作者是怎么表述的？

我们请×××来说，把话筒给她。

生：在漫画里，别里科夫觉得自己没有做出什么却得到这样的讽刺……他觉得这个漫画家这样子对他——自己在各个方面都是正人君子，但却得到这样的嘲讽，他很害怕世人用这种眼光看待他。

师：很害怕世人，文中说的是，这幅漫画传给了什么人？

生：教师们、衙门里的官儿……

师：我们看到的是他担心这个。×××（扮演柯瓦连科的同学）你来说，骑车事件呢？你跟你姐姐骑自行车是很不得体的，为什么呢？

生：因为他说政府没有允许这件事情。

师：政府没有允许这件事情，这是其一。还有其二呢？

生：很不成体统，这样会一传十，十传百，传到校长和督学的耳朵里。

师：传到校长和督学的耳朵里不好。文中，同事也好，衙门也好，督学也好，校长也好，他们并没有作什么恶啊，又没有虐待他，但最后他还是死掉了，那为什么呢？我们前面有些配套的练习给到大家，我们把契诃夫的四篇短篇小说结合一起来读，来看看它们所揭示的到底是什么。

这四篇小说的主人公我们都认识。《变色龙》的主人公，他的身份是什么？

生：警察。

师：他的特点是什么？见风使舵，善变，反复地变。最后的命运是什么？死了没有？

生：没有。

师：没有。有没有受到什么刺激？他是有点病态，一会儿感觉很热，一会儿要脱，一会儿要穿。好，继续，《六号病房》是一篇比较深的文章，十分有利于我们去理解他的这类批判现实主义小说。安德烈是医院里的什么？医生。特点呢？正直、非常关心病人。最后他也死掉了。命运，死得非常惨。被谁打死了？守门的那个退伍的军人叫什么？

生：尼基塔。

师：尼基塔把他揍死了。最后我们来看看《一个文官的死》和《装在套子里的人》这两篇批判现实主义小说，我们请两个小组的代表同学来说说。第一个小组负责人叫×××，你来说一说，到上面来说。你先告诉大家这个《一个文官的死》里面的切尔维亚科夫的角色是干吗的？

续上表

生：切尔维亚科夫他是一个小文官。

师：庶务官。

生：然后他的特点是非常胆小怯懦。当他自以为犯下一些错误时，他会放大这种恐惧。

师：他犯下什么错误？

生：打了一个喷嚏。

师：打了个喷嚏而已。非常的胆小懦弱。最后结局是什么？

生：去世。

师：为什么会这样？是谁的责任？你来做做法官。

生：首先我觉得是他自己的责任，无论是一开始他打喷嚏，还是他后来放大内心的恐惧，去纠缠上司，都是他自己的事情。其实就是他对权威的过分谄媚，他丧失了作为正常人的人格和尊严，然后他才走上了死亡的道路。但其实一个人的性格也是由当时的社会环境造成的，所以我认为社会也是事件的凶手，正是由于社会对于阶级的严格划分，以及阶级之间的蔑视和侮辱，才使他产生了这种心境。

师：好，谢谢。如果让你归根结底，只能选一个，你会觉得是谁的责任呢？

生：他自己。

师：他自己，就怪他自己。我们继续讨论啊，×××说是他自己，就是他自己。好，我们来看第二组，我们先问几个演员好不好，谁是凶手？我们先看是谁推了他一把？柯瓦连科，你站起来，你是不是凶手？是不是你弄死了别里科夫？

生：我觉得柯瓦连科只是与别里科夫产生冲突，就是说，他是造成他产生焦虑的原因之一。

师：文中怎么说的？别里科夫摔成什么样子？

生：额，他安然无恙。

师：安然无恙，大衣其实保护了他，就是没有弄伤他，对吧？这个责任不应该在你身上，对吧？好，姐姐来，你跟他谈恋爱有没有导致他死亡？

生：我觉得可能有一方面的原因就是她看到了他摔下去的窘状，他在内心是羞愧的、尴尬的、无地自容的一种情态。文章最后也说了，他从桌子上撤去她的照片，然后他上床睡觉就再也没有醒来。

师：你觉得你的责任大不大？

生：我觉得我的责任不是很大。（众人笑）

师：谁的责任大？叫这个组的组长来说，组长说，你上来，你做个法官。

生：我觉得首先大家分析了各方面的原因，当然各方面的原因都会有，真正的凶手应该是，整个当时社会的制度吧。我们知道，别里科夫是一个胆小懦弱、顽固守旧的人，就是很好反映了当时的社会也是守旧、顽固的。所以我觉得社会的责任也是很大的。

师：所以你说，是谁的责任？我们枪毙他。

生：沙皇。（众人笑）

师：好厉害，挑战沙皇，凭什么说是沙皇？

生：我觉得是当时的社会……

师：小说为什么要反映社会？你能不能做个解释，什么是小说？我们曾经讲过。

生：通过一些故事去反映当时社会的状况。

师：通过人物、环境、故事情节来干吗？

生：来反映社会上的一些状况或者存在的问题。

3. 文体化思维。

师：嗯，所以小说是有深度的。回到文本上面来，我们看到的这些小人物，作为一个伟大的作家，契诃夫就是为了写这些小人物胆小懦弱，以此来批判他们吗？回到我们的小说"文体化思维"，我们讲小说的思维要注意几位一体？

生：四位一体！

师：哪四位？第一个？

生：人物。

师：第二个？

生：情节。

师：第三个？

生：环境。

师：最终走向？

生：主题。

师：主题是什么？

生：反映社会。

师：回到我们学过的《林教头风雪山神庙》上，我们通过小说，看到了林冲在风雪环境中，从隐忍走向决绝、反抗的这种可贵品质。但是《水浒传》是不是就是为了歌颂这个的？我们通过上节课的探讨发现，不是。是哪四个字？"官逼民反"，社会必然，是这个东西。也就是说，首先我们看到的是人物品质，更深刻的是小说揭示的社会必然性，这是小说的文体特征。

从小说的定义出发，我们找到了小说学习的四个核心——三要素和中心，在小说学习过程中，思维要紧扣这四个核心展开，我们把这种思维概括为"文体化思维"。由此，联想到我们学过的孔乙己、阿Q、祥林嫂等这些人物，作者绝不只是为了表现这些小人物的可悲和对他们的同情，而是为了透过他们的可悲来说明旧制度、旧礼教、旧社会吃人的本质，这就是伟大作家的伟大之处。

最后我们总结一下，无论是哪个小人物的悲剧命运，最终的根源都来自哪里？

续上表

我们看布置的预习题目表格，当局、将军、尼基塔、校长和督学……象征着什么？对，象征了专政、暴力。《变色龙》里，我们看到狗，而狗的背后是将军，共同点都是一样，无论是文章提到的当局呀，校长呀，督学啊……都成了一个"符号"，不论你是谁，是和蔼的还是凶狠的，它都在百姓心中构成了一个特定的"符号"，见到就可怕，最后就像我们的尼基塔守候的那个病房一样，黑暗、恐怖、残暴。所以，小说有一个共同的主题：不仅是揭示小人物身上的弱点，更是揭示什么？对，揭示社会的问题，叫作"小人物、大社会"，以小人物之悲来揭示大社会的黑暗、恐怖和残暴，小说主题涉及上述两个层面，而且重心在第二个层面。

我们再看时代背景，是不是真的恐怖？我们看，写于一八九八年，十月革命前夕，革命的风暴即将到来，所以刚才同学说，沙皇是责任者，背景就是这样的，残暴的统治、无尽的迫害，还有一些卫道者、守旧者，都是那个时代的特征。契诃夫说过："世界上没有一个地方像我们俄罗斯这样，人们受到权威的如此压制，俄罗斯人受到世世代代奴性的贬损，害怕自由。"可以把"俄罗斯"这三个字改掉，像鲁迅的小说一样，改为"旧中国"。所以我们把这些作品综合来看，可能更好理解，有些作品表现得很清晰，有的根本没有，但综合起来看，都是作者在那个时代、那个背景下创作的，那些人都把自己藏在"套子"里，希望渺茫。有没有希望呢？谁有希望啊？你看到谁？对，是华连卡和柯瓦连科，他们是新鲜的力量代表。

四、归纳、总结

师：我们来小结一下，学习小说也好，诗歌也好，我们要养成"文体化思维"，借助"群文阅读"来欣赏小说、诗歌、说明文、议论文……各自都有一套思维方法。小说是三要素加一中心，在鉴赏的时候脱离不了，简称为"四位一体"。诗歌呢？如果你要去抓三要素就没办法鉴赏了。我们一般从哪里落手？对，从一个个意象入手，由意象走向意境。散文，什么是散的，什么是聚的？

生：形散而神聚。

师：而戏剧，有人物、台词等因素，更重要的是抓住人物的"矛盾冲突"。我们学习《雷雨》就是如此。如果是议论文呢？应该带上什么思维去阅读呢？对，应该抓住议论文的论点、论据、论证方法三个要素。说明文，就抓住说明的方法、顺序和说明对象的特点来阅读。跨文体的，我们总结的是"七位一体"的思维，这里就不展开了。

五、拓展，对比两篇文章的写法

师：接下来，两个小问题，《一个文官的死》和《装在套子里的人》都是名著，它们在写的过程中刻画人物方面略有不同，有什么不同呢？请同学们互相交流、对比一下。为什么说，就表演而言，《一个文官的死》其实更好表演，原因就在于刻画人物的方法。

×××，你在最后面，负责压轴，你来说一说，《装在套子里的人》主要是怎么刻画人物的？

生：正面和侧面结合。

师：正面就不用说了，刚才同学们的对话就是了。哪里是侧面呢？

生：最后他死的时候，旁边的人的反应。

师：除此之外呢？他死之前呢？谈恋爱之前呢？小说是不是一开始就写他谈恋爱啊？前面有那么长的内容，是具体的正面描写吗？他有没有跟别人对话，都是谁在说话？对，是作者，作者对人物的这些描写是什么写法呢？

生：第一到五段是正面描写。首先第一段的雨鞋、雨伞等，是正面的外貌描写。

师：他教什么语言、关在那个房子里面逃避现实等内容呢？

生：这些是细节描写。

师：细节描写，对。

师：《装在套子里的人》基本的写法是，先作者概括叙述，然后人物直接出场表演，进行正面描写，并插入侧面描写。那么《一个文官的死》呢，就是大段大段的什么描写？

生：是大段大段的对话描写。

师：是间接描写还是直接描写？

生：直接描写。

师：对，直接描写，没有什么太多作者的概括叙述。可见名著可以有不同的写法，我们写作文也可以有不同的写法。

六、拓展，联想交流

师：来拓展一下思维。在我们身边也有一些固定的行为模式和思维方法，请你说说有哪些，我们应该怎么面对这些"套子"？比如说我们的衣、食、住、行、学习各方面，有哪些类似的现象？×××，你先说。

生：我觉得是在学习一些思维方式时，会形成定势，比如说有一些理科学习，思维会卡在那个地方，要去拓展思维，突破那些定势，很难。

师：这就是说不可以一味地死记硬背，导致我们的思维方式被"定势"的思维"套子"套住了。旁边同学补充，你可以讲讲生活中的例子。

生：就比如父母教育我们，遇到某些事情你该怎么做，比如，见到老人摔倒该不该扶。

师：见到老人该不该扶？你父母教导你扶不扶？

生：扶。然后呢？事实上，我们在见到老人摔倒时，还是会不由自主地进入一个思维的"套子"——要思考一下该不该扶，会不会有风险，值不值得。

师：那你思考完之后，决定要不要扶？

生：要看情况而定。

师：我们生活中肯定有很多类似的情况，面对各种"套子"，我们需要学会明辨是非，假丑恶的东西要丢掉，向善向真向美的东西要保留。

续上表

接下来的一个问题，让我们开心畅想、交流一下：假如别里科夫不死，他与华连卡顺利结婚了，他的婚姻生活会怎样？为什么？一分钟时间讨论一下。

（学生讨论）

师：生活中有可能他没死，顺利结婚了。女同学谈论得比较开心啊！华连卡的扮演者，你来说一下，他跟你结婚会快乐吗？（众人笑）

生：我觉得他不会很快乐，因为华连卡和别里科夫的人生观、世界观都很不一样，他们可能会有剧烈的价值观冲突，所以会很不快乐。

师：可以改变的呀，人是可以改造的，把他变成自己的，同化他呀。

生：但是，我觉得别里科夫看起来年纪很大，所以他们两个在一起的时间也不会太多。

师：所以价值观起到决定性作用，是吗？

生：对，华连卡可能是他的阳光，但只能照耀那么一瞬间，一瞬间之后又是永恒的黑暗了。

师：很好，非常有诗意。我们问一下别里科夫的扮演者，如果你结婚了会不会幸福？

生：我觉得，如果顺利结婚的话，应该不会特别幸福，就像女生说的那样，人到中年已经被影响太久了，所以结果是一个死一个疯，或者两个都疯掉。（众人笑）

师：同学们都讲得很好！可见，只要"套子"在，只要黑暗专制的环境在，别里科夫的命运悲剧就无法改变，这是社会环境导致的必然性。时间关系，我们今天就开心到这里了。

七、变式练习、作业检测

师：契诃夫还有很多精彩的小说值得我们阅读、学习，今天的课后练习——请大家阅读《契诃夫短篇小说选集》中的其他作品，如《苦恼》，运用文体化思维的方法，从小说的核心要素入手，分析人物形象的特点、命运的根源，挖掘小说的主题。

八、结束语

师：总之，在我们的文学殿堂里，有很多可爱的形象，带给我们很多的思考、启发，我们要感谢这些大师们：曹雪芹、施耐庵、鲁迅、海明威、契诃夫、沈从文……大师们让我们认识了那么多个性鲜明的人物：贾宝玉、林黛玉、王熙凤、贾母、林冲、李小二、祥林嫂、桑提亚哥老人、别里科夫、翠翠、天保、傩送……从这些人物身上，我们感悟到人性的丑恶与光芒，社会的黑暗与光明，也明白了如何"专业"地阅读小说等文学作品，如何更好地面对我们自己的人生以及社会……今天的课就上到这里，谢谢大家，感谢所有听课的老师们，下课！

生：谢谢黎老师，黎老师再见！

师：1班同学们再见！

九、反思与改进

本课是本人作为学校"名师示范课"系列的一堂公开课，试图立足于语文核心素养，在教学理念、教学环节设计、师生活动等方面做一些尝试。在备课组的支持和学生的配合下，本堂课的内容顺利完成了。回顾教学设计、教学实施与完成的过程，深入反思，本课有以下优点和不足：

1. 教学目标的设定方面：

（1）语言建构与运用：品读文本"语言"，分角色对话，发展语言能力。

（2）思维发展与提升：文体化思维，"分析归纳"人物形象及其思想根源。

（3）审美鉴赏与创造：群文阅读，"比较"鉴赏不同写作技巧。

（4）文化传承与理解：理解契诃夫批判现实主义文学创作的文化背景。

以上四个目标，是立足于语文核心素养的四个维度来设定的，应该说是比较全面、切合当前语文教育的实际诉求，也是切合以学生为主体的语文教学要求的。只是目标太多，导致教学方向有些分散，不够集中。

2. 教学的重难点，设定为以下两项：

（1）思维发展与提升：文体化思维。

（2）审美鉴赏与创造：群文阅读。

由于契诃夫等文学大师的文章表面上容易读懂，但是深入理解小说的内涵与主题却很难，容易误读，因此本课特意设置了以上两个教学的重难点，目的在于培养学生专业化的、语文学科独有的"文体化"思维方式，引导学生针对文体的定义与核心要素，来理解文本的内涵，理解小说的主题，避免误读；同时，通过阅读作者一系列的"群文"，来帮助学生深入地阅读、全面地理解契诃夫小说的深刻之处与主题思想。这是本课在教学设计中比较有新意、有创新的地方。

3. 教学过程设计方面，有以下几点思考：

（1）"分角色表演性对话"环节：着眼于发展学生的语言表达能力以及准确理解人物特点的能力。

（2）"群文阅读比较"环节：着眼于引导学生通过群文阅读的路径，来全面探究小人物悲剧的根源，深刻理解契诃夫小说深刻的主题。

（3）"文体化思维"环节：引导学生学会针对小说、散文、诗歌、戏剧等不同文体的定义与核心要素，来专业化、准确地理解文本的内涵，理解作品的主题。

以上环节，主要立足于言语内容、思想的学习，属于语文学习的第一个层面。

（4）"比较鉴赏"环节：比较《一个文官的死》和《装在套子里的人》写法的不同之处，设计意图是着眼于言语形式、写法的学习，属于语文学习的第二个层面。但是，明显发现：学生对言语内容的学习更加感兴趣，对言语形式的学习兴致不高，难度也更大。

后续的两个环节，分别着眼于培养学生的拓展联系现实的思维、创造性思维：拓

续上表

展思维——身边的"套子"和"套中人";创造性思维——设想别利科夫结婚后的情形。

当然,后面两个环节,使得一堂课的容量偏多,重点、难点不够聚焦。

4.对今后教学的启示

（1）学生对话的前期预习、准备要充分,对人物的语言要揣摩到位,表演性对话才能达到感人的艺术效果。

（2）教学目标要清晰明确,不能分散,要力求集中。

（3）教学过程要努力把学生放在学习的主体位置,把表现、锻炼的机会让给学生,以发展学生的核心素养为本,教师不能成为活动的主体,而应该是背后主导的角色。

（4）要依靠教研组、备课组的集体力量和智慧,大家在研讨中集思广益,互相启发,才能找到最佳的教学智慧。

总之,本堂课作为一次大胆的尝试,基本达到了预计的教学目标和效果,也还有不少细节需要继续完善,如此才可能无限接近"高效课堂"的目标。

第三章 ◎ 不同文体的"导教"策略研究与课例

第一节　科学取向的"导教"策略研究与课例——论述文

古人云："文莫大于辨体。"不识体，何谈教与学呢？论述文是说服劝导读者同意作者观点的一种说理性文章。说理的基本特征是讲逻辑，要将理说明白，讲清楚，就要深谙逻辑并能有效展示逻辑，甚至帮助听者建立一套逻辑。可见，逻辑是论述文文体的核心特征。逻辑是思维的规律和规则，是对思维过程的抽象。论述类文本蕴含的思维过程围绕论点、论据、论证三要素间的关系建构而成，因此论述类文本从文体特征出发的"导教"主要是引导教师通过教材文本逻辑的展示来帮助学生理解逻辑和建立逻辑。

一、科学取向的"导教"策略研究——论述文

《2017 年高考语文考试大纲》对论述类文本考查的阅读内容和能力层级的说明提到："阅读中外论述类文本。了解政论文、学术论文、时评、书评等论述类文体的基本特征和主要表达方式。阅读论述类文本，应注重文本的说理性和逻辑性，分析文本的论点、论据和论证方法。"说明中的"基本特征和主要表达方式"强调的是不同的论述文文体所具备的共性特征，共性表现集中起来就是文本说理议论时的"逻辑性"。"文本的论点、论据和论证方法"亦属于文本的逻辑论证结构。[①] 两个能力层级六个考点中，"理

① 张广岩. 议论文逻辑论证结构与篇章结构的比较 [J]. 山东师范大学学报（人文社会科学版），1986（1）：89-96.

解文中重要概念的含义"和"分析文章结构，归纳内容要点，概括中心意思""分析概括作者在文中的观点态度"是高频考点，要突破考点，就要考生能剖文见理，及时准确地把握文本逻辑。因此论述类文本的教学绝不能拘泥于论述类不同文体间的形式比较，而应把归纳概括其共同的逻辑特征作为重心。

再看现行的人教新课标版高中必修教材中论述文的分布情况和学习要求，见表3-1。

表 3-1　人教新课标版高中必修教材中论述文的分布情况和学习要求

教材及论述文单元	教学任务	掌握内容要点	论点	论证结构	论证方法（含论据）	表达技巧	质疑探究
必修二演讲辞	阅读鉴赏	抓住文章主旨	明确作者的主要观点	理清文章结构	把握说理方法	体会揣摩情感和表达技巧	
必修三古代议论性散文	阅读鉴赏		琢磨立论的方法	注意严密周详的论证逻辑			提出问题探究问题
必修三	表达交流		学习选取立论的角度	学习论证	学习论证、学习选择和使用论据	学习议论中的记叙讨论	
必修四随笔杂文	阅读鉴赏			从结构思路看提出问题、分析问题、解决问题	看观点与材料如何结合		从不同角度质疑或阐发
必修四	表达交流			学习横向纵向展开议论	学习反驳、学习辩证分析		
必修五文艺评论和随笔	阅读鉴赏		把握基本观点				调动艺术体验与作者评论比较
必修五	表达交流	学习写得深刻、学习写得充实				学习写得有文采	学习写得新颖
必修五自然科学小论文	阅读鉴赏	加深对文意的理解	归纳观点	理清思路		品味简洁严密明晰的语言	

横向看，参照高考考点我们将论述文的学习内容粗略分成"掌握内容要点"等六项。纵向看，必修阶段的论述文学习从必修二开始，先是阅读鉴赏，于必修三加入表达交流，之后两大板块相辅相成，齐头并进，形成纵向上由浅入深的分级序列。综合来看，论述类文本的必修教学围绕着"论点""论证结构""论证方法（含论据）"来展开实施是贯穿始终的，从"理清文章结构"到"理清思路"，要实现的是从辨析篇章结构之表到把握思维全过程之里的思维品质的突破。因此，科学的导教是要求教师的教学从让学生理解文本逻辑开始的。

据此，在阅读鉴赏的教学中，我们形成三种导教策略，按教学思路的先后依次排列。

1. 逻辑论证结构优先策略

"论述文的篇章结构主要是指文章对所运用的质料的组织安排。它研究的内容包括结构的基本形式、层次和段落、过渡和照应、开头和结尾等。篇章结构通常有开头、中间、结尾三部分。这三个部分与序论、本论、结论这三个部分大体相对应。"[①]而论述文的逻辑论证结构主要是指论证的结构方式。严格来讲，论点、论据、论证三要素并非同一层次上的概念，论点论据应该是论证这个动态过程实现的有机构成。论证过程要阐释论点的内涵，论述论点的形成，揭示论据与论点间的逻辑关系以使人信服。逻辑论证结构较篇章结构更抽象，一定意义上说，篇章结构是逻辑论证结构的外在表现。日常教学多从篇章结构去解读文本固然规范形象，但属于浅尝辄止、舍本逐末，且一旦这种解读模式固化，将大大妨碍学生的深度学习。因此，教学首要的策略是梳理文本的逻辑论证结构。

梳理结构首先得清楚中心论点。论点是观点，但不是所有观点都能成为论点，尤其是中心论点。学生面对论证过程中出现的诸多观点常常犯迷糊，搞不清内容主旨，实则是无法厘清观点间的差异和联系，主次不分。方武认为论点必须具备以下两个条件或其中之一：被论证或不对别的观点起论证作用。[②]由此，教学思路可以是先让学生找出文本的观点句，再观察观点句间的逻辑联系，确定是否存在论证和被论证的关系，进而筛选整合，明确论点甚至中心论点。一般每段会有涵盖段旨的观点句，若没有，可引导学生依据段间逻辑关系推断段落用意，进而梳理文本思路，勾勒论证结构图。此外，

---

①② 方武. 走出认识的误区：关于议论文体的"三要素"问题 [J]. 上饶师范学院学报，2003，23（1）.

抓好一以贯之的主题词，以主题词为线索、为核心取舍观点句也颇见成效，这个主题词往往与题目有关，所以论述文阅读教学也要讲扣题。

2.重要概念辨析策略

论述文的语言表述是很有逻辑性的，大到整篇文章的语言风格，小到段落内语句间关联，都讲究严谨清晰，因此行文中会出现许多复杂的长句、复句、关联词、指代词、习惯用语，甚至是颇为专业的特别的表述。学生对论述的语风本就陌生，若表述再跳跃些，空白再多些，那他们极易对重要概念的内涵外延产生理解偏差，从而在更大范围上曲解文意。概念辨析策略的实施思路就是引导学生披文入理，从字、词、句等小的概念的内涵外延入手，结合语法语流、语义场等多重语境关系，对重要概念的含义层次作精细分析，既重视找寻文本中相近概念的异同，也重视分析不同概念的转换机理，在语意逻辑上获得与全篇论证逻辑结构的一致和统一。

3.同题比较评价策略

建构主义理论认为，学生是自己的知识的建构者，教学过程就是由教师创设适合的、理想的环境，提供相关的保障，从而保证学生亲身体验，学到知识，培养能力，提高技能水平的独立自主的建构过程。学生只有自己尝试建构一套逻辑，才能意识到论述逻辑的难点和要点。因此教师在教学中不妨设置与文本相同的论题和情境让学生小试牛刀，构建各自独立的论述思路，再一一展示，与教材的大家之说作比较，展开评鉴。条件成熟时亦可组织辩论赛，让思维在碰撞中得到提升。

在表达交流的教学中，我们采用的导教策略主要是要求教师帮助学生准确地认识、分析议题现象，建立合理的文本逻辑基础，称为"因象识本策略"。

学生在论述文写作中最大的拦路虎是无话可说、无从说起，实则是无法建立思维导图，构建认识事物的逻辑。因此，教师要重视学生思维方法的磨炼，强调立意立论、论证结构和语言表达等方面的逻辑修养的提升，重视论述类文体特征的突显。

"因象识本"中的"象"即作文材料呈现出的核心对象（事物）及对象间的关系，"本"即核心对象及对象间关系的本质。"因象识本"就是通过对材料核心对象及其对象间关系表现的认识分析，把握题意的本质内涵和核心联系，进而延展，形成逻辑严密、说理深刻的议论文。具体教学中我们主要就核心词和核心关系进行因象识本。核心词的因象识本主要采用分析语素法、比较概念法、找属概念法三种方式进行，这三种方法推演开来可以形成总分总、联系比较、递进式的行文逻辑结构；核心关系的因象识本分三步走，首先明确核心关系，其次归纳核心关系的特征，再次用哲学方法剖析核心关系，据此形成有深度的认识逻辑。

2017年公布的《中国学生发展核心素养》中的"人文底蕴"的发展要求学生"能理解和掌握人文思想中所蕴含的认识方法和实践方法"，"科学精神"素养更强调学生"逻辑清晰，能运用科学的思维方式认识""能思考、判断；思维缜密，能多角度、辩证地分析问题，做出选择和决定等"，这些研究大力肯定了学科教学必须以发展思维为方向。高中论述文科学"导教"策略依逻辑性特征形成，恰是对论述文核心价值的理性回归，相信将文体之型与逻辑之核融会贯通的科学"导教"将成为论述文本日常教学实现学生思维品质的培养与提升的教学目标的新思路。

二、科学取向的"导教"课例——论述文

1. 课例一：《拿来主义》

《拿来主义》教学设计见表3-2。

表3-2《拿来主义》教学设计

课题： 拿来主义
设计与执教：广东实验中学 罗丽佳 学生年级：高一

学习目标：

1. 了解杂文的文体特点，能辨别破立、正反面论证的不同与联系。

2. 学会分析复杂论述文的逻辑思路，感受议论的魅力。

3. 学习文中巧用比喻论证的手法，感受"嬉笑怒骂皆成文章"的杂文蕴含的思想冲击力。

学习结果类型与学习条件分析：属于高级技能学习。

所需要的条件是：

1. 学生掌握了论述文的基本知识并具有进行逻辑思辨的动机。

2. 多媒体演示设备。

3. 关于文化遗产继承的讨论文章和时评资料。

起点能力：

1. 学生对论证型议论文有一定的认识和了解。

2. 学生具备一定的分析论证结构思路和议论的能力。

续上表

3．学生具备一定的逻辑思辨能力。

学生能力结构分析：

终点目标

学会分步骤分层次有序地分析统合复杂论述文的逻辑思路，感受议论的魅力。

1．能辨别破立、正反面论证的不同与联系。

2．能以中心论点为核心，统领全篇各段的内容和作用，并整理出各层次各段落内的论证结构。

1．学生对论证型议论文有一定的认识和了解。
2．学生具备一定的分析论证结构思路和议论的能力。
3．学生具备一定的逻辑思辨能力。

起点能力

课堂教学过程：

课时：＿第一课时＿

教学事件	教学活动及策略	评析
一、激发学习动机	问：诗词大会最近很火。火的原因是什么？大家说说。 引：这把火包含了我们如何继承传统文化遗产的问题，对此鲁迅先生早有论述，他的态度是"拿来"。那为什么加上"主义"二字？作者是如何证明拿来主义的必要性的？（钱理群说："鲁迅不是帮助你解决具体问题的人，他给一种方法、一种思维、一种能力。"） 说明与反思：通过对诗词大会火遍神州现象的思辨，引导学生观察作者认识问题的深刻和论述问题的深入。	补充一些有趣材料，激发学生兴趣
二、回忆已知	1．以《就任北大校长之演说》《师说》等文为例，回顾论述文逻辑结构的组成部分和一般特征。 2．《拿来主义》与以往的论证结构有哪些不同？ 说明与反思：回顾是巩固，也是对学习的一种唤醒和对目标的进一步明确。	巩固起点能力

教学事件	教学活动及策略	评析
三、学习新知	1．通读课文，找出每一段的观点句或自己概括。 ①"送去主义"也算得显出进步。 ②我们没有"拿来"。 ③一味送去后患无穷，子孙只好讨残羹冷炙作奖赏。 ④奖赏是"抛给""送来"的嗟来之食。 ⑤我们在"送去"之外还得"拿来"，是为"拿来主义"。 ⑥"拿来"和"送来"有截然不同的影响。 ⑦我们要运用脑髓，放出眼光，自己来拿！ ⑧比喻论证继承大宅子的三种错误做法，指出"拿来主义"者是全不这样的。 ⑨拿来主义的做法 ⑩总结拿来主义并强调我们要拿来。 2．观察思考各段间及观点句间的逻辑联系。 第一部分（①②）第①段"送去也算得显出进步"是在揭露"送去主义"的媚外实质，表明要与一味"送去"的立场方式针锋相对，从标题和下文看都是为从反面引出"拿来"即第②段提出议题做的准备。 第二部分（③④⑤）第③段进一步揭露送去者与"送来"者的奴才主子关系，第④段辨明"抛来"与"抛给"的不同，都是要让读者意识到"拿来"的迫切性，再顺理成章地在第⑤段将"拿来"上升到"拿来主义"。 第三部分（⑥⑦）第⑥段揭露"送来者"的真面目，划清"拿来"与"送来"的界限，以便第⑦段更清晰地提出"拿来主义"的要旨：运用脑髓，放出眼光，自己来拿。 第四部分（⑧⑨⑩）第⑧段批判对待文化遗产的三种错误态度，第⑨段紧承其后，与之形成对比，指出"拿来主义"者对待文化遗产应是"占有""挑选"和创造。至此，拿来主义的内涵和行动方法已经清晰。最后第⑩段得出结论，对拿来主义的必要性加以重申。	这个阶段是教学的重点时段

续上表

教学事件	教学活动及策略	评析
	3. 明确中心论点。 综合考虑标题、各观点句含有的高频词、主题词，本文的中心论点是"继承文化遗产时我们务必要有拿来主义的态度和行动"。 4. 围绕中心论点，清晰各部分在论证过程中的作用，简括全文的逻辑论证结构。 整体看，全文的论证结构是先破后立，破中有立。 作者在第一部分着重批判"送去"；第二部分深入批判"送去"，指出"送去"和"送来"者的奴才主子关系；第三部分着重批判"送来"。 这三个部分以破为主，批判逐层深入。文章从"送去""送来"两个角度证明实行"拿来主义"的必要性。 文章的第四部分以立为主，立中有破，对"拿来主义"做了正面的分析，采用比喻对比论证，论证严谨、周密有力。 说明与反思： 1. 中心论点的确认主要看各观点句间是否存有论证和被论证的关系，被论证的观点句就是中心论点。 2. 提醒学生在思考辨析各重关系时要时刻有主题意识，字句段处处不离中心	
四、归纳、总结	文章的前三个部分破中有立。第一部分提出"拿来"，第二部分提出"拿来主义"，第三部分阐述"拿来主义"的要旨，完整地提出了论点。 梳理逻辑论证结构要分四步走。其一，先让学生找出文本的观点句；其二，观察各段及观点句间的逻辑联系；其三，明确中心论点；其四，清晰各部分与中心论点的联系以及在整个论证过程中的作用，从而简括全文的逻辑论证结构。 说明与反思：形成一定的方法步骤能让学生掌握程序性知识，有利于他们学习的迁移	师生共同归纳出学习的规则

教学事件	教学活动及策略	评析
五、变式练习	梳理《中国人失掉自信力了吗》全文的逻辑论证结构。 ①~②段：揭示对方论点和论据，暗示对方的论证以偏概全； ③~⑤段：直接反驳对方的论证，指出对方论据只能证明中国人失掉了"他信力"，发展着"自欺力"，而不能证明失掉了"自信力"。 ⑥~⑧段：间接反驳对方的论证（正面立论），提出中心论点：说中国人失掉了自信力，用以指一部分人则可，倘若加于全体，简直是诬蔑。 ⑨段：做出结论，指出评价方法。要评价自信力的有无应看"中国的脊梁"，不应以偏概全。 说明与反思： 选文与《拿来主义》一样都是驳论文，无论是逻辑思路还是论证方法都比较接近，有助于学生对《拿来主义》逻辑结构的深入理解；《中国人失掉自信力了吗》一文是九年级学过的课文，内容上认知的障碍少了，利于学生将文本分析聚焦到逻辑的角度和高度上	运用规则策略性知识
六、作业检测	布置学生读《论"费厄泼赖"应该缓行》及单元内其他随笔，列出论证结构图。 说明与反思：巩固所学，督促学生迁移，培养鉴赏品评议论的习惯与能力	检测、反馈

2. 课例二：《窗》

《窗》教学设计见表3-3。

表3-3 《窗》教学设计

课题： 窗

设计与执教：广东实验中学 罗丽佳 学生年级：高一

学习目标：

1. 学会在语境中辨析重要概念，准确领悟文本深刻的哲思。

2. 学习平凡中见深意的观察方法和思想方法。

续上表

3．学会欣赏有丰富内蕴有个性魅力的说理语言。

学习结果类型与学习条件分析：属于高级技能学习。

所需要的条件是：

1．学生掌握了论述文的基本知识和技能，具有进一步学习的动机。

2．多媒体演示设备。

3．《渐》《菱角的喜剧》等课外说理散文的阅读资料。

起点能力：

1．学生对说理散文有一定的认识和了解。

2．学生具备一定的逻辑思辨能力，能粗略地梳理全文的逻辑论证结构。

学生能力结构分析：

终点目标

学会在语境中辨析重要概念，准确领悟文本深刻的哲思。

在繁复的语言表达中整理出语意变化的逻辑。

1．学生对说理散文有一定的认识和了解。
2．学生具备一定的逻辑思辨能力，能粗略地梳理全文的逻辑
论证结构。

起点能力

课堂教学过程：

课时：　第二课时

教学事件	教学活动及策略	评析
一、激发学习动机	列举描绘"窗"的佳句，引出作者对"窗"意义的认识。 夜过也，东窗未白凝残月。 何当共剪西窗烛，却话巴山夜雨时。 你站在桥上看风景／看风景人在楼上看你／明月装饰了你的窗子／你装饰了别人的梦——卞之琳《断章》 作者在开篇说"春天是该镶嵌在窗子里看的，好比画配了框子。"这么看来，作者是觉得无窗难赏春了。"窗"究竟有什么样的价值，让特别睿智的作者这般看重？	补充一些有趣材料，激发学生思考

教学事件	教学活动及策略	评析
	说明与反思：用古今"窗"的名句导入，不仅激发了学生对平凡之物的关注观察，更引导他们思考平凡中的深意	
二、回忆已知	知识回顾：议论散文有散文的形散神聚的形式特点，但在内容上依旧是注重议理的逻辑。 技能重温：让学生在教材中找出能反映行文逻辑结构的线索句，找出集中体现作者感悟的观点句。 说明与反思：强调文体特征，演练分析方法，希望学生能快速聚焦到新的学习目标上	巩固起点能力
三、学习新知	思考：第二段开头说"同时，我们悟到，门和窗有不同的意义"。意义的不同在哪，请解释。 分析： 1. 找出第二段中比较门窗不同意义的观点句。 ①"若据赏春一事来看，我们不妨这样说：有了门，我们可以出去；有了窗，我们可以不必出去。" ②"所以，门许我们追求，表示欲望，窗子许我们占领，表示享受。" 2. 利用上下文语境辨析①句中"可以"和"可以不必"的差别。 回看第一段赏春文字，"可以"意指门给了我们空间移动的条件，但对我们赏春却是弊大于利的，"可以不必"意指出门赏春比不上由窗赏春，窗能为我们眼中的春增色不少，使我们获得更美的感受。作者隐约有贬门褒窗的意味。 再看①句下文阐述，"窗子打通了大自然和人的隔膜，把风和太阳逗引进来，使屋子里也关着一部分春天，让我们安坐了享受，无需再到外面去找。"这么一说，"可以不必"的意思便一目了然了，"不必"不仅指人没必要出门就能赏春，还指窗带给了人安定、享受、自主权等意义。 3. 根据关联词、指代词、例证文字辨析②句中"许我们追求"和"许我们占领"、"欲望"和"享受"的差别。	这个阶段是教学的重点时段

续上表

教学事件	教学活动及策略	评析
	②句开头"所以"提示我们可以利用上文的举例内容，用归纳法推断句意。陶渊明的诗句完美地诠释了"窗子的这种精神"，窗子让我们成为自己生活的主导者。因此"追求"指自己的生活被他人或外力指挥和带领，"占领"指能主导自己的生活。"欲望"意指不满足，"享受"意指非常满足、有幸福感。 　　同理，②句后的举例是对②句的演绎，无论是"来访者"和"小偷"的比较还是"物质上的丈夫"和"真正情人"的比较，甚至"书背后的引得"与"前面正文"的比较，都实证了门窗的性质区别在于前者是被动和后者是主动。 　　4. 比较筛选：全段内容都是比较门窗的不同意义，依照归纳和演绎的思维方法，根据重要概念的内蕴从①②中筛选出②句是解释门窗意义不同的中心观点句。 　　5. 总结门窗的不同意义。 　　说明与反思：学生对含蓄委婉、诙谐幽默的文字表述有些不适，理解主旨有障碍。利用字词句的语意逻辑关联辨别重要概念内涵，能够帮助学生更好地领悟说理语言的丰富含义	
四、归纳、总结	引导学生披文入理，要从字词句等小概念的内涵外延入手，结合语法语流语义场等多重语境关系，对重要概念的含义层次作精细分析，既重视找寻文本中相近概念的异同，也重视分析不同概念的转换机理，在语意逻辑上获得与全篇论证逻辑结构的一致和统一。 　　说明与反思：对文本概念的重视既是对论述文文体逻辑的遵循，也是对高中生在碎片化阅读时代亟须培养的阅读基本功的重申	师生共同归纳出学习的规则
五、变式练习	练习： 　　1. 运用重要概念辨析法解释文中第三段"窗比门代表更高的人类进化阶段"一句的含意。 　　2. 在明确3、4段意的基础上再次概括全文逻辑论证结构。	运用规则策略性知识

教学事件	教学活动及策略	评析
	说明与反思：学生掌握了重要概念辨析法，以此类推，挑战更繁复的语意逻辑分析可以锻炼思维。《窗》的三、四段落都比较难懂，由学生带着问题自学也可以考查他们有没有逻辑论证结构的整体意识	
六、作业检测	课外阅读《渐》《菱角的喜剧》，解释"渐"的内涵和"喜剧"的含义。 说明与反思：巩固所学知识，并考查学生的迁移能力	检测、反馈

3. 课例三：《广开言路成一格》

《广开言路成一格》教学设计见表3–4。

表3–4　《广开言路成一格》教学设计

课题：　广开言路成一格

设计与执教：广东实验中学　罗丽佳　学生年级：高二

学习目标：

1. 了解论证型议论文写作的基本结构要求。

2. 学会用归纳演绎法、因象识本法分析事物，打开作文思路。

学习结果类型与学习条件分析： 属于高级技能学习。

所需要的条件是：

1. 学生掌握了论述文的基本知识和技能，具有进一步学习的动机。

2. 多媒体演示设备。

3. 时评材料。

起点能力：

1. 学生有一定的议论文写作经验，对议论文的一般逻辑结构有认识和了解。

2. 学生具备一定的逻辑思辨能力。

3. 学生对生活有一定的观察，有一些素材积累。

学生能力结构分析：

终点目标

通过归纳演绎法的综合灵活运用，
形成清晰、合理、有序的议论文逻辑论证结构。

续上表

通过因象识本法，打开作文思路。

1. 学生有一定的议论文写作经验，对议论文的一般逻辑结构有认识和了解。
2. 学生具备一定的逻辑思辨能力。
3. 学生对生活有一定的观察，有一些素材积累。

起点能力

课堂教学过程：

课时：　第一课时

教学事件	教学活动及策略	评析
一、激发学习动机	以学生习作为例引入：语言是思维的载体，同学在作文中表态是清晰的，说理却是糊涂困难的，主要就是无话可说、无从下笔，议论在立意环节已经堵塞了，勉强行文的结果就是议论文习作混沌一团，很多人坦言自己都不知写了什么。毛泽东说过，写不好是因为思考还没有成熟。那么在立意环节上我们要怎么缓解思维"交通"的拥堵并保证行文的逻辑有序呢？ 说明与反思：直指学生作文痛处是思维上的不活跃和思考上的懒惰畏难情绪，快速明确学习重点	补充一些有趣材料，激发学生兴趣
二、回忆已知	1. 回顾议论文常见的三种结构方法（并列、对比、递进），提炼出三式中蕴含的逻辑思维方法。 2. 讨论：说说自己在使用三种结构图式论证时遭遇的问题。 3. 总结问题：知道结构方式但用不了，因为想不到。比如知道递进但不知怎么建立起由浅到深的思维逻辑。 说明与反思：将所学与所用联系起来考查，利于学习的深入	巩固起点能力
三、学习新知	因象识本法之分析语素法示例： 例题：阅读下面的材料，根据要求写一篇不少于800字的文章。 随着大家生活水平的提高，"教育"成为人们普遍关心的话题。在一个人的成长过程	这个阶段是教学的重点时段

教学事件	教学活动及策略	评析
	中，有人认为，家庭教育最重要，如《三字经》上说"子不教，父之过"；有人认为，学校教育最重要，如《孟子》中有"谨庠序之教，申之以孝悌之义"；也有人认为，社会教育最重要，如陶行知先生曾说"生活即教育"；还有人认为，自我教育最重要，如《论语》中就有"见贤思齐焉，见不贤而内自省也"……对于以上观点，你怎么看？ 1. 理解核心词时，先清楚各语素的含义。 分析：文题材料中的高频词、核心词是"教育"。从构词看，"教育"由"教"和"育"两个语素构成。学生们将"教"解为"让别人会、教导、指导"，已认识到教育包含主动被动关系和有目的性等特征；将"育"解为"培育、养育"，"培养"点出了教育是持续性过程的特征。 2. 按合理有序的结构将各个含义合并联结，形成定义。 合并语素，按先后顺序看，"教"在先，"育"在后，"教育"就是"教导培育人的活动"；按过程整体看，"教育"是"要让别人学会某种知识或技能的持续性过程"。 3. 归纳核心词的主要特征。 通过前面的发散聚合思维过程，学生获得了对教育的一定理解，可以抓住教育"有目的性""影响人""活动"的本质特征，再据此考察四种教育。他们会发现，学校教育目的性强，目标集中，活动时空集中，影响力大，但因作用时间有限，影响力会受损；家庭教育目的性强，目标多元，活动时间长，空间较广，影响力甚大；社会教育目的性弱，目标指向不确定，但活动空间最广，影响力与日俱增；自我教育活动隐蔽，目的性目标因人而异，影响力与成长密切相关。四种教育可谓各有千秋，特征鲜明！ 4. 循此思路构建论证逻辑篇章结构。 既然对四种教育的优缺点均有认识，那么既可选择用总分总或并列的方式结构全文，也可用同一条件同一对象的四种教育比较即对比式的论证逻辑行文。	

续上表

教学事件	教学活动及策略	评析
	说明与反思：因象识本法涉及很多，此处以语素分析法的推演为例。要促进学生思考，就需要起步时充分的帮扶和引导，因此遵循议论文文体逻辑特征来建构文章的思维方法教学要长期坚持	
四、归纳、总结	面对命题概念或者文题核心词，分析语素法是先清楚各语素的含义，再以合理有序的结构将各个含义合并联结，形成整体，建立关于核心词的定义。在获得质性认识后，循此思路构建论证逻辑篇章结构。 说明与反思：贴近文体特征、贴近学生写作需要、步骤简单、可操作性强的方法一定有效	师生共同归纳出学习的规则
五、变式练习	以下题为例，15 分钟内立意，并列出写作提纲。提纲包括论点、论据、论证结构。 最近，《咬文嚼字》列出"2016 年十大流行语"，"洪荒之力""吃瓜群众""工匠精神""蓝瘦、香菇"等网络流行语入选。有人认为，网络流行语的盛行是语言文字顺应时代发展的表现，值得肯定和鼓励；也有人认为，网络流行语的盛行带来的负面影响日益严重，应当警惕和反思；当然，还有人认为这两者并不矛盾…… 对此，你的观点是什么？写一篇论述类的文章加以阐述。 说明与反思：课堂上及时的实战演练，不仅是迁移训练，更是对时间观念和高效思维的培养	运用规则策略性知识
六、作业检测	阅读与思考：阅读每周时评精选，总结常见的论证逻辑结构及能说服你的特别有力的论证文字（段或文章均可），与同学分享你的成果。 说明与反思：时评贵在时，但质在评。学生写作需要集思广益，更需要写作上的良师益友，每周时评精选的品读鉴赏就是给学生营造讲逻辑、有思维品质的创作氛围	检测、反馈

第二节　科学取向的"导教"策略研究与课例——散文

课标修订稿第一次明确将"思维发展与提升"升格为学科四大核心素养之一，对思维培养的形式和要求达到前所未有的高度。要想让学生的思维得以发展与提升，首先教师要有好的教学思维。本节立足于散文的文体特征，阐述现代散文的教学思路，探索科学的"导教"策略，从而促进学生思维的发展。

一、科学取向的"导教"策略研究——散文

1. 核心素养背景下高中语文散文教学

（1）现代散文的定义及特点。

现代散文一般是五四以来，与诗歌、小说、戏剧文学并称的一种文学样式，包括记叙散文、抒情散文、议论散文等，是与"古代散文"对应的一种广义上的散文。[①] 高中教材中的现当代散文都属于现代散文。它在高中新教材中占有很重要的地位，是高中语文教材选文的重要组成部分。

《普通高中语文课程标准（2020 年修订版）》指出："在阅读鉴赏中，了解诗歌、散文、小说、戏剧等文学体裁的基本特征及主要表现手法"。

大多数研究者的普遍看法是中国现当代散文具有题材广泛、结构灵活、语言凝练、情感真实等特点。因此自由灵活的现代散文的创作决定了固定僵化的教学会削弱教学效果。

王荣生老师指出："如果要合适的教学，必须在'无特征''无规范'的散文及散文读写中，找出一些能够揭示散文体性的特征，找出一些可具参考的规范，尽管这样的工作只能在散文的某些具体小类乃至个案中自觉限制中进行"。因此进行散文的教学时，教师必须有专业理据，避免信口开河式的"开放式"教学。

（2）不同类型的散文特点。

根据人民教育出版社出版的《普通高中课程标准实验教科书　语文必修 5》和选修教材《中国现代诗歌散文欣赏》里收录的散文，我们可以看到，散文的分类主要有记人记事散文、写景状物散文和杂文、议论性散文。

记人记事散文"以写人叙事为主，它善于通过某些生活片段、生活场景

---

① 周庆元 . 语文教育研究概论 [M]. 长沙：湖南人民出版社，2005：353.

和细节的艺术描写来表现人物的形神风貌，揭示事件的审美意义。也就是说这种记叙性散文写人叙事总是作为一种艺术手段，目的是表达作者对这个人物以及整个生活的具体而深切的主观感受"。^①如鲁迅的《记念刘和珍君》、巴金《小狗包弟》等，这种类型的散文主要是抓住人物、事件中的最突出其特点细节之处来勾画人物、事件，作者借此抒发自己感情。

写景状物散文，或寄情于景，或托物言志，通过景物的描述来抒发作者感情。如朱自清的《荷塘月色》、郁达夫的《故都的秋》等。

杂文、议论性散文重视说理，逻辑性强，是作者从日常生活、历史文化中表达其深刻的、独特的人物感悟、启发以及思考的散文。如鲁迅的《拿来主义》、粤教版语文教材里余秋雨的《道士塔》等。

2. 结合不同类型散文的特点，采用不同教学策略，以促进提升学生的思维能力

（1）直观了解作者其人、作品中的人与事的策略。

现代散文的主体性很强，作者透过不同的人与事，结合自己的情感态度，在作品中透露出自己对生活、对生命的态度和感悟。无论是记人记事散文、抒情散文还是议论性散文，学生要真正深入文本、了解作者的情感态度，首先必须知其人、知其事，直观地去了解。这个准备工作，可以让学生感知到客观的事物或事件，有利于学生的形象思维的发展与提升。

记人记事散文的构思有一定的情节，从情节方面去寻找作者的构思线索、了解其人其事，是阅读理解记叙散文的要点。例如鲁迅先生的《记念刘和珍君》一文的时代距离现代的学生很遥远，要了解作者的情感，必须借助课前的知识了解作者，了解刘和珍以及历史上的惨案。这样直观的认识可以启悟学生的想象，对学生的感性思维发展很有帮助。

议论性散文主要是明述事理，经常从身边的事情切入，启发对人生的感悟。例如粤教版散文选读里选了余秋雨的《道士塔》。这篇文章蕴含了丰富的历史信息和浓厚的艺术文化。为了帮助学生加深对这篇文章的了解，在课前，需要对本篇文章进行资料补充，让学生更多地去了解敦煌的历史文化，更直观地感受敦煌艺术。加强直观的感知和体验，有助于学生发展形象思维，提升思维能力。

---

① 薛艳丽. 中学现当代抒情散文教学初探 [D]. 石家庄：河北师范大学，2008.

（2）调动自我的经验、品味意境的策略。

意境是中国传统艺术文化中的重要标准。"情与景交融而出现的艺术境界，情与景是构成意境的两个基本因素。情在我，是主观的，景在物，是客观的。当二者交融之后，便情（意）中有景（境），景（境）中有情（意）。"①

抒情性散文基本都离不开意境的营造。虽然不同的抒情性散文意境的营造纷繁复杂，但其中总会有一定的方式。调动自我的经验，品味其中的画面，可以提升学生的形象思维能力。

例如朱自清先生的《荷塘月色》，课前可以提示学生去感受一下夏季的荷花的形、态、味、声、光、色是怎么样的，从形象思维的角度让大家去感知体验。当每个人都有了自己独有的经验，然后再进入朱自清先生笔下的这个荷花世界，通过经验、透过联想，对文中所传达的优美意境将可以有更深的感受和理解。这无论对学生形象思维能力的提升还是抽象思维能力的提升都很有帮助。

（3）品味文中语言美的策略。

高中语文的散文教学中，品味语言是必不可少的一个环节。通过不同方式阅读是感知散文语言之美的最好办法。无论是何种类型的散文，除了各种方式的阅读，细细品味作者在文中的遣词造句，更可以提升学生们的抽象思维能力。因为抽象思维正是在词语和词语所表达的概念的基础上进行分析、综合、推理等建立起的一种思维。

例如朱自清先生的《荷塘月色》，学生可以用自己的生活体验和文中的语言做一个比较，唤起自己的联想。这本身就是一个理性思维的过程。

"曲曲折折的荷塘上面，弥望的是田田的叶子。叶子出水很高，像亭亭的舞女的裙。层层的叶子中间，零星地点缀着些白花，有袅娜地开着的，有羞涩地打着朵儿的；正如一粒粒的明珠，又如碧天里的星星，又如刚出浴的美人。微风过处，送来缕缕清香，仿佛远处高楼上渺茫的歌声似的。"

这是文中很美的自然段，里面使用了很多叠词，还有一些很新颖的比喻、通感，把月色下的荷塘的朦胧美淋漓尽致地表现出来。在学习过程中，可以引导学生品味其中的语言美，分小组做点评。品味的过程也就促使学生跟随语言走进文本，触摸到作者的内心世界，从文本语言出发分析其中的内

---

① 傅德岷. 散文艺术论 [M]. 重庆：重庆出版社，1988.

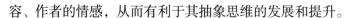

容、作者的情感，从而有利于其抽象思维的发展和提升。

（4）品写结合的策略。

阅读和写作是语文学习中重中之重的两个手段。叶圣陶先生曾经说过："阅读和写作是吸收和吐纳的关系。"要输出，首先要有输入。"散文的主要教学价值和诗歌、小说、戏剧等文体相比它更多的是各种阅读、写作方法和技巧的综合训练。它对学生读写能力综合训练作用是任何文体都取代不了的。"[1] 品味散文的语言，从阅读中分析综合了一定的规律后运用到实际的写作当中——这一个过程训练了学生的理解、应用、分析、评价、创造等能力。

例如朱自清先生的《荷塘月色》是一篇写景的抒情散文，学生通过阅读可以感知到月色下的荷塘、荷塘下的月色。作者的写景有一定的层次，分别可以从声、光、色、形、态、味这些角度去分析，得出这些写景的手法后再去分析作者其他的作品，评价一下写景的这几个手法是不是都能应用上。此外，学生同样可以把这次归纳出来的写景手法运用到自己作文里的景物描写上，在品味中得出规律，把规律运用到实际操作中。

最新部编版语文必修上册第七单元是一个集聚了现代和古代经典散文的单元。为了让同学们把读写结合在一起，可以反复咀嚼《荷塘月色》《故都的秋》《我与地坛》等三篇经典散文中的经典文段，感受文段的文辞之美，体会作者观察、欣赏和表现自然景物的角度；分析情理结合的手法。具体如下：

首先学生选取其中最能给自己文段升格以启发的一段，思考并梳理所获的启发。从其中的经典文段中教师梳理出：观察事物→抓取特征→处理景与情的关系（具体可以从文字修辞、描写角度以及形象选取等维度进行分析）→体现作者的审美趣味、人生况味以及哲理蕴味。接着教师和学生一起欣赏学生散文写作中的一篇例文，请大家根据交流所获的启发来讨论这两段是否还有升格的空间，并提供建议。也就是从读中学，再把学到的转到自己的写作提升中。品写结合的方式对发展和提升学生的抽象思维很有帮助，意义很大。

3. 结语

散文的学习对于提升学生的语文核心素养有着重要的意义。教师要在散文课堂中培养起学生的语文素养，需要预备好具体的课外背景知识，结合文本特征和实际需要，设计积极的言语实践活动，让学生积极主动地经历体

---

① 张盼. 高中语文中国现当代散文教学研究 [D]. 郑州：河南大学，2014.

验。笔者将在今后的教学实践中不断探索导教模式，希望培养学生的语文形象思维，并能促进学生抽象思维能力的发展。

二、科学取向的"导教"课例——散文

1. 课例一：《道士塔》

《道士塔》教学设计见表 3-5。

表 3-5　《道士塔》教学设计

课题：　道士塔
设计与执教：广东实验中学 陈莉　　学生年级：高二
学习目标： 　　1. 准确筛选信息，了解作者其人、作品中的人与事。 　　2. 在阅读中品味作者的语言，揣摩其中的语言技巧，领会作者的感情。同时通过同学们自己的作业来理性认识问题。 　　3. 敦煌文物的流失是我们民族的悲剧。希望同学们通过这篇文章能够理性认识事件真实，唤起内心的爱国情感，同时要认识到要赢得别人的尊重首先要自强。
学习结果类型与学习条件分析：属于高级技能学习。 　　所需要的条件是： 　　1. 学生对敦煌有一定的了解并具有深入理解其历史文化意义的动机。 　　2. 多媒体演示设备。 　　3. 敦煌历史背景材料、文本《道士塔》。
起点能力： 　　1. 学生对敦煌的历史文化有一定的认识和了解。 　　2. 学生具备一定的分析语言材料能力和语言表达能力。 　　3. 学生具备一定的逻辑思辨能力。
学生能力结构分析： 终点目标   　1. 阅读与鉴赏本文，通过了解作者其人、作品中的人与事，丰富自己对本文反映的历史和文学形象的感受与理解，丰富自己的经验与语言表达。 　　　　　2. 发展和提升形象思维和抽象思维能力。   　　　　1. 在阅读中了解作者其人、作品中的人与事。 　　2. 品味作者的语言，揣摩其中的语言技巧，领会作者的感情。

续上表

1. 学生对敦煌的历史文化有一定的认识和了解。
2. 学生具备一定的分析语言材料能力和语言表达能力。
3. 学生具备一定的逻辑思辨能力。

起点能力

课堂教学过程：

课时：　第一课时

教学事件	教学活动及策略	评析
一、激发学习动机	采用直观了解作品相关的人与事的策略 从常书鸿先生的画像引入。 　　常书鸿先生，他是敦煌的保护神，第一任敦煌研究院的院长。毕业于法国里昂艺术学校的常书鸿在二十世纪二三十年代已经是一位蜚声世界画坛的画家。偶然的一次机会，他在法国发现了一本《敦煌石窟图录》。这正是1908年法国探险家伯希和对敦煌石窟拍摄而来的。看着距今一千多年的古画，里面气势雄伟的构图、奔放的笔触都让常书鸿感到很惊讶。他决定回祖国去，回敦煌去！ 　　为了敦煌，他放弃了浪漫的艺术之都巴黎，放弃了优越的生活条件，来到了黄沙漫漫的敦煌；为了它，妻子离他而去；为了研究、保护它，常书鸿奉献了自己的一生。 　　1980年，日本社会活动家池田大作曾经问过常书鸿："我还想问一声：根据佛教的说法，人是有来生的。如果来生再到人世，先生将选择什么职业呢？" 　　常书鸿说："我不是佛教徒，不相信轮回转世。但如果真的有来世，我还将是常书鸿，还将把自己的生命献给光辉灿烂的敦煌艺术。" 　　太伟大了！这么伟大的一个人恰恰就和历史上一个小人物形成了极度鲜明的对比。他是谁？（王圆箓） 　　这个人也就是我们这篇课文《道士塔》的主角。 　　说明和反思：通过敦煌研究院前院长的说法导入本文，引出文中主角	补充一些有趣材料，激发学生兴趣

教学事件	教学活动及策略	评析
二、回忆已知	采用直观了解作品中的人与事的策略 利用课前准备的资料，回答问题： （1）王圆箓是一个什么人？（道士） （2）大家请看一看题目，有没有什么疑问呢？ 圆寂塔是僧人墓地上的建筑物。一个道士，为什么能够在他死后有如此奇怪的礼遇呢？（课文哪一句话提示了？） "几经转折，不幸由他当了莫高窟的家，把持着中国古代最灿烂的文化。"王圆箓把持着中国古代最灿烂的文化。 （通过图片介绍敦煌莫高窟） 说明和反思：利用课前准备的敦煌文化相关资料，加深对文本的理解，有利于形象思维的发展。课前已经有一定的阅读，通过回忆回答文本的问题，加深对本文的了解	巩固起点能力
三、学习新知	1. 采用直观了解作者其人、作品中的人与事的策略。 通过图片文字去感知敦煌，强化形象思维。 敦煌，敦煌！敦者，大也！煌者，光明也！历史上，敦煌是个光明之城，佛教的圣地。自前秦建元二年（公元 366 年）开窟造像，历东晋、前秦、北魏、西魏、北周、隋、唐、五代、宋、西夏、元等时期，先后开凿了一千多个洞窟。历代民间艺人在里面创作了大量精美的彩塑和壁画。现保存下来的石窟 492 个，如果以一平方米为单位，连接起来长达 25 公里。彩塑 2400 余身，堪称世界最大的画廊。 思考：一个道士，做了佛教圣地的把持。他了解佛教吗？一个不了解佛教的人会对佛教圣地做出怎样的事情呢？（课文哪一句话提示了？） "他从外国冒险家手里接过极少的钱财，让他们把难以计数的敦煌文物一箱箱运走。" 思考：王道士，他居然做了这样的事情。我们的敦煌研究专家只能怎样呢？	这个阶段是教学的重点时段

续上表

教学事件	教学活动及策略	评析
	"今天，敦煌研究院的专家们只得一次次屈辱地从外国博物馆买取敦煌文献的微缩胶卷，叹息一声，走到放大机前。" 无奈地叹息一声，即使叹息千万声也难以平息我们的愤懑。 2. 品味语言的策略。 （1）理清文中的历史事实，品味语言，体悟作者的感情。 请同学们在预习的基础上快速浏览课文，找出你最欣赏的句子或文段，并谈谈自己的感受。（小组之间可以互相交流一下意见） 在同学们朗读的基础上引导大家思考：从其中的文字，你们觉得用什么词语最能概括作者的心情？ 痛！恨！ 痛：国宝流失 　　自己（想为却不能为） 恨：王道士的愚昧无知 　　清政府的腐败无能 　　外国的强盗行为 （2）体味作者语言（如何让读者产生如临其境的感觉）。 余秋雨先生通过自己的想象，把自己融进历史当中了。当他看到王道士把洞窟中的壁画刷白了，把塑像给砸了，他的心情怎么样啊？非常痛苦。人到了感情激扬的时候往往忘掉自己，深陷其中。不知不觉，他甚至直面王道士，请他等一等。他如何能见得到王道士？这只不过是他思想的穿越罢了。除了穿越时空见到了王道士，他还穿越时空做了什么事情？（我只能让它停驻在沙漠里，然后大哭一场。） *说明和反思：在直观的形象思维的基础上再仔细品味文中语言，领略作者情感，加强抽象思维能力*	
四、归纳、总结	通过了解作者其人、作品中的人与事，品味文中语言，小结其中特点。 小结其中文字的特点：	师生共同归纳出学习的规则

教学事件	教学活动及策略	评析
	语言：看似轻松实则沉重 手法：想象（穿越时空的想象） 余秋雨先生文化散文的特点： 　　　个人 　　历史文化　融为一体 　　　自然 说明和反思：从文中得出作者文化散文的特点，结合此特点再去阅读作者其他的文化散文，加强理解，提升思维能力	
五、变式练习	通过了解作者其人、作品中的人与事，品味文中语言，小结其中特点，得出作者是把个人与历史文化、自然融为一体的结论。 　作为中华民族的一员，余秋雨先生穿越历史、直面王圆箓说出了自己的痛与恨。如果你回到历史，当你亲眼看见王道士或者腐败无能的中国官员又或者是外国的文化强盗行为时，你会对他们说些什么，做些什么呢？（运用课文中穿越历史式的想象，运用第一和第二人称写100字左右的文段） 　（采用品写结合的策略） 　说明和反思：在练习中增加了程序性知识和元认知知识，贴合每一个学生的实际，强化课文的亲切度，让学生融进文本，进而鉴赏现代散文，提升自身的理性思维	运用规则策略性知识
六、作业检测	拓展阅读《阳关雪》中的一段。 　这里是古战场。 　我在望不到边际的坟堆中茫然前行，心中浮现出艾略特的《荒原》。这里正是中华历史的荒原：如雨的马蹄，如雷的呐喊，如注的热血。中原慈母的白发，江南春闺的遥望，湖湘稚儿的夜哭。故乡柳荫下的诀别，将军圆睁的怒目，猎猎于朔风中的军旗。随着一阵烟尘，又一阵烟尘，都飘散远去。我相信，死者临亡时都是面向朔北敌阵的；我相信，他们又很想在最后一刻回过头来，给熟悉的土地投注一个目光。于是，他们扭曲地倒下了，化作沙堆一座。 　　　　　　　　——余秋雨《阳关雪》	检测、反馈

续上表

教学事件	教学活动及策略	评析
	课后阅读《阳关雪》，完成读书笔记作业，谈谈对余秋雨先生散文的看法。 说明和反思：让学生迁移出课堂里所学的知识，把知识运用起来	

2. 课例二：《荷塘月色》

《荷塘月色》教学设计见表 3-6。

表 3-6 《荷塘月色》教学设计

课题： <u>荷塘月色</u>

设计与执教：广东实验中学 陈 莉　　　学生年级：高一

学习目标：

1. 阅读文本，调动自我的经验，品味意境。

2. 在阅读中品味作者的语言美，揣摩其中的语言技巧，领会作者的感情。

3. 鼓励同学们善于总结规律，记住朱自清先生写景的六字真言，做到以简驭繁。

学习结果类型与学习条件分析：属于高级技能学习。

所需要的条件是：

1. 学生掌握了散文的基本知识和技能，具有进一步学习的动机。

2. 多媒体演示设备。

3. 朱自清先生背景材料、文本《荷塘月色》。

起点能力：

1. 学生对朱自清先生的散文有一定的认识和了解。

2. 学生具备一定的分析语言材料能力和语言表达能力。

3. 学生具备一定的逻辑思辨能力。

学生能力结构分析：

终点目标

1. 阅读文本，调动自我的经验，品味意境。

2. 在阅读中品味作者的语言美，揣摩其中的语言技巧，领会作者的感情。

3. 发展和提升形象思维和抽象思维能力。

在阅读中品味作者的语言，揣摩其中的语言技巧，领会作者的感情。

1. 学生对朱自清先生的散文有一定的认识和了解。
2. 学生具备一定的分析语言材料能力和语言表达能力。
3. 学生具备一定的逻辑思辨能力。

起点能力

课堂教学过程：

课时： 第一课时

教学事件	教学活动及策略	评析
一、激发学习动机	采用直观了解作者其人的策略 走近朱自清 课前布置学生上网或到图书馆查阅有关朱自清的资料，并由学生在"课前五分钟演讲"时间介绍他们心目中的朱自清。 说明和反思：利用课前准备的资料，加深对作者、对文本的理解，有利于形象思维的发展	补充一些有趣材料，激发学生兴趣
二、回忆已知	精彩回放 学生在初中阶段已学过朱自清先生的《春》《背影》等课文，可让学生试背诵《春》里面一些经典的句子，并引导学生思考：《春》是在两年前学的，同学们之所以还能把其中一些优美的词句背下来，是因为朱自清先生的景物描写实在深入人心，从而推出朱自清景物描写上的六字真言——声、光、色、形、态、味。（板书） 声：(1)花下成千成百的蜜蜂嗡嗡地闹着。 （2）鸟儿将巢安在繁花嫩叶当中，高兴起来了，呼朋引伴地卖弄清脆的喉咙，唱出宛转的曲子，跟轻风流水应和着。牛背上牧童的短笛，这时候也成天嘹亮地响着。 光：一点点黄晕的光，烘托出一片安静而和平的夜。 色：(1)太阳的脸红起来了。 （2）小草偷偷从土里钻出来，嫩嫩的，绿绿的。 （3）（桃树、杏树、梨树）红的象火，粉的象霞，白的象雪。	巩固起点能力

续上表

教学事件	教学活动及策略	评析
	（4）树叶儿却绿得发亮。小草儿也青得逼你的眼。 形：（1）像牛毛，像花针，像细丝，密密地斜织着，人家屋顶上全笼着一层薄烟。 （2）"吹面不寒杨柳风"，不错的，像母亲的手抚摸着你。（可提醒学生：风是无形的，作者这里是把无形的东西转化为有形的东西） 态：（1）风轻悄悄的，草软绵绵的。 （2）（野花）散在草丛里像眼睛，像星星，还眨呀眨的。 （3）打两个滚，踢几脚球，赛几趟跑，捉几回迷藏。（借人的动作写出春草的蓬勃生机） 味：（1）花里带着甜味儿，闭了眼，树上仿佛已经满是桃儿、杏儿、梨儿。 （2）风里带来些新翻的泥土的气息，混着青草味儿，还有各种花的香，都在微微润湿的空气里酝酿。 说明和反思：通过回忆过去学过的课文，加深对朱自清先生写景特点的理解	
三、学习新知	1. 调动自我的经验，品味意境的策略。 请同学们谈谈自己感受过的夏季荷花，它的形、态、味、声、光、色是怎么样的？从形象思维的角度让大家去感知体验。 2. 品味意境、品味文中语言美的策略。 《荷塘月色》一文中的荷塘就在清华园里，是作者日日走过的，可谓"平常身历之景"；作者所描写的也只不过是三幅图景：月光下的荷塘、荷塘上的月色、荷塘四周，没什么特别的。但是你读这篇散文，眼前会浮现一幅清新、美丽的景象：绿叶田田，荷花朵朵，清香缕缕，月色溶溶，像朦胧的幻梦，像飘渺的歌声。那里有诗、有画、有情，有深邃的意境。是什么导致这篇散文成为现代文学脍炙人口的佳作？ 我们不妨以《荷塘月色》为例，验证一下刚才那六个字是否就是朱自清先生写景的秘诀。	这个阶段是教学的重点时段

教学事件	教学活动及策略	评析
	（1）学生听配乐朗诵。 （2）请学生分成五个小组分别寻找有声、光、色、形、态、味这六个字的句子，然后让学生举例说明（声—蓝组；光—红组；色、味—黄组；形—绿组；态—白组） 声： （1）这时候最热闹的，要数树上的<u>蝉声</u>与水里的<u>蛙声</u>。 （2）微风过处，送来缕缕清香，仿佛远处高楼上渺茫的<u>歌声</u>似的。 （3）光与影有着和谐的旋律，如梵婀玲上奏着的名曲。 板书：蝉声、蛙声、歌声、琴声 光： （1）没有月光的晚上，这路上阴森森的，有些怕人。今晚却很好，虽然月光也还是淡淡的。（用平时路上的阴森来反衬月光淡淡的美） （2）树缝里也漏着一两点<u>路灯光</u>，没精打采的，是渴睡人的眼。（用路灯的无精打采反衬灯光下月色的朦胧迷人） （3）高处丛生的灌木，落下参差的斑驳的<u>黑影</u>；弯弯的杨柳的稀疏的倩影，却又像是画在荷叶上。（写月的投影，灌木黑影的阴森可怕，杨柳倩影的可爱） 板书：黑影、淡淡、森森、亮光 色： （1）<u>凝碧</u>的波痕 （2）叶子底下是脉脉的流水，遮住了，不能见一些<u>颜色</u>。（"脉脉的流水"能否改成"绿绿的流水"？） （3）（月光下的）叶子和花仿佛在牛乳中洗过一样，又像笼着轻纱的梦。（写出叶子与花在月下的特点：奶白色而又娇艳欲滴的实感和轻柔缥缈的姿容） ——由于无日光，反衬不了光谱，月下一切东西都是无色的，红花也变成了白花 板书：凝碧、无色、乳白	

续上表

教学事件	教学活动及策略	评析
	形： （1）<u>曲曲折折</u>的荷塘 （2）<u>田田</u>的叶子 （3）叶子出水很高，<u>像亭亭的舞女的裙</u>。（用舞女的裙来摹状荷叶"圆形""出水很高"的特点，不仅外形相似，而且写出了荷叶的动态美） （4）（花）如一粒粒的<u>明珠</u>，又如碧天里的<u>星星</u>，又如刚出浴的<u>美人</u>。（连用三个比喻，分别描绘了淡月辉映下荷花晶莹剔透的闪光，绿叶衬托下忽明忽暗的闪光，以及荷花不染纤尘的美丽的本质，写出了荷花的神韵，倾注了作者的主观感情，容易激发读者的想象。） （5)树色一例是阴阴的，乍看像一团烟雾。（写淡月下树色阴暗迷蒙，渲染了荷塘幽静的气氛） **板书**：曲折、田田、舞裙、明珠、星星、美人 态： （1）层层的叶子中间，零星地点缀着些白花，<u>有袅娜地开着，有羞涩的打着朵儿的</u>。 （2）这时候叶子与花也有一丝的<u>颤动</u>，像闪电般，霎时传过荷塘的那边去了。（作者捕捉住了微风过处叶动花颤的情状） （3）月光如流水一般，静静地<u>泻</u>在这一片叶子和花上。（写出了月色淡而净，有动感，一泻无遗的特点） （4）薄薄的青雾<u>浮</u>起在荷塘里。 **板书**：袅娜、羞涩、颤动、泻、浮 味： 微风过处，送来缕缕清香 **板书**：清香 **说明和反思**：通过调动自我经验，提升形象思维能力，再品味文中的语言美，探讨一下作者感情的流动，最后总结出作者特有的写景手法	

教学事件	教学活动及策略	评析
四、归纳、总结	通过调动自我的经验，品味意境和文中的语言美，可以得出作者写景的手法。 总结提高： 《荷塘月色》其实只是写了荷叶、荷花、荷香、荷波、荷韵还有杨柳、月光、水，作者却把这些看似单调的东西写得丰富，就在于作者利用声、光、色、形、态、味六种表现手段。如不能用一般的语言表达出来，就可用一定的修辞手法（技术手段）来补充。 例如写声音，作者可能觉得单写蛙声、蝉声太单调了，于是就采用通感的手法—— 例1：微风过处，送来一缕缕清香，仿佛远处高楼上渺茫的歌声似的。（作者以歌声比喻香气，以渺茫比喻香气的轻淡，将听觉移到嗅觉，写出了荷香时断时续、若有若无、清淡缥缈的特点。通感手法的运用准确而奇妙。） 例2：光与影有着和谐的旋律，如梵婀玲上奏着的名曲。（光与影是视觉，名曲是听觉，但两者都给人和谐的感觉，作者把这两种感觉串在了一起，从而写出了月光、树影明暗糅合的特点） 通感：就是把人们的各种感觉（视觉、听觉、嗅觉、味觉、触觉等）通过比喻或形容沟通起来的修辞方式。 例3：红杏枝头春意闹。（"红杏枝头"本是视觉感受，"闹"是听觉感受。将听觉移到视觉，更活泼，更形象） 运用通感，可启迪读者更深远地想象和联想，让读者从各自的生活经历和文化素养中，去领会作品的思想内容和艺术境界。 例4：（白花）正如一粒粒的明珠，又如碧天里的星星，又如刚出浴的美人。 博喻：用两个或两个以上的喻体来描摹同一本体的方法。运用这种方法，能使事物的特征更加具体鲜明，起到加深印象的作用。 说明和反思：从文中得出作者文化散文的特点，结合此特点再去阅读作者其他的写景散文，加强理解，提升思维能力	师生共同归纳出学习的规则

续上表

教学事件	教学活动及策略	评析
五、变式练习	通过调动自我的经验，品味意境和文中的语言美，可以得出作者写景的修辞手法（主要是通感手法的掌握与运用） 通过品写结合的策略。 请利用本节课所学的修辞手法仿写两个句子。 说明和反思：在练习中增加了程序性知识和元认知知识，贴合每一个学生的实际，强化课文的亲切度，让学生融进文本，进而鉴赏现代散文，提升自身的理性思维	运用规则策略性知识
六、作业检测	剖析朱自清先生另一篇写景的文章《绿》，看这六字真言是否行得通？ 说明和反思：让学生迁移出课堂里所学的知识，把知识运用起来	检测、反馈

3. 课例三：《小狗包弟》

《小狗包弟》教学设计见表 3-7。

表 3-7　《小狗包弟》教学设计

课题：　小狗包弟

设计与执教：广东实验中学　陈 莉　　　　学生年级：高一

学习目标：

1. 准确筛选信息，了解作者其人、作品中的人与事。

2. 结合时代背景，分析理解作者深刻的思想和真挚的感情。

3. 客观评价文中的人与事，培养学生的自省意识。

学习结果类型与学习条件分析：属于高级技能学习。

所需要的条件是：

1. 学生掌握了散文的基本知识和技能，具有进一步学习的动机。

2. 多媒体演示设备。

3. 巴金先生背景材料、文本《小狗包弟》。

起点能力：

1. 学生对巴金先生的作品有一定的认识和了解。

2. 学生具备一定的分析语言材料能力和语言表达能力。

3. 学生具备一定的逻辑思辨能力。

学生能力结构分析：

终点目标

1. 阅读与鉴赏本文，通过了解作者其人、作品中的人与事，丰富自己对本文反映的历史和文学形象的感受与理解，丰富自己的经验与语言表达。

2. 发展和提升形象思维和抽象思维能力。

1. 在阅读中了解作者其人、作品中的人与事。

2. 品味作者的语言，揣摩其中的语言技巧，领会作者的感情。

1. 学生对巴金先生的作品有一定的认识和了解。

2. 学生具备一定的分析语言材料能力和语言表达能力。

3. 学生具备一定的逻辑思辨能力。

起点能力

课堂教学过程：

课时：____第一课时____

教学事件	教学活动及策略	评析
一、激发学习动机	采用直观了解作品相关的人与事的策略 走近巴金 　　课前布置学生上网或到图书馆查阅有关巴金先生的资料，并由学生在"课前五分钟演讲"时间介绍他们了解到的巴金先生。 　　说明和反思：利用课前准备的资料，加深对作者、对文本的理解，有利于形象思维的发展。	补充一些有趣材料，激发学生兴趣
二、回忆已知	在初中的语文课本中，我们读到过很多散文。例如朱自清先生经典的《背影》《春》。散文有些重在记人记事、有些重在写景状物抒情。	巩固起点能力

续上表

教学事件	教学活动及策略	评析
	今天我们再来欣赏一篇巴金先生的叙事散文《小狗包弟》。 说明和反思：回顾过往的学习，加深对文本的理解，有利于形象思维的发展	
三、学习新知	1.采用直观了解作品中的人与事的策略。 （1）整体把握文中事件，强化形象思维。 首先需要同学们再次浏览全文，寻找有关小狗包弟的语句。（可根据文中的时间顺序） 通过梳理我们可以看到作者在和小狗相处的过程中情感的变化。（从快乐到忧虑到煎熬最后想对包弟表示歉意） （2）明确文本中出现了两条重要的线索。 第一条是时间线索，第二条是作者感情变化的线索。 2.品味语言的策略。 （1）通过两条线索的梳理，同学们会发现本文的故事情节和作者的情感态度非常明晰,透过它们思考作者在文中想要表达什么。（把握文本的主旨需要一定的历史背景知识） （2）引导大家理性地去评析历史事件。 通过文本我们可以看到作者的忏悔，他敢于担责，他借助文学表达了自己对社会、道德、人性的重建和诉求。他敢于剖析自我。 （3）结合自己的经历坦诚面对自己曾经犯过的错误。 说明和反思：在直观的形象思维的基础上再仔细品味文中语言，领略作者情感，加强抽象思维能力	这个阶段是教学的重点时段
四、归纳、总结	通过了解作者其人、作品中的人与事，品味文中语言总结出： 记人记事散文的构思有一定的情节，从情节方面去寻找作者构思线索、了解其人其事，是阅读理解记叙散文的要点。 （1）把握线索。 （2）透过事件感悟作者的情感。 说明和反思：把握写人记事散文的特点，结合此特点再去阅读相类似的散文，加强理解，提升思维能力	师生共同归纳出学习的规则

教学事件	教学活动及策略	评析
五、变式练习	阅读 2016 年高考北京卷《白鹿原上奏响一支老腔》这篇散文，完成配套练习中的一道练习题（见附 1）。 说明和反思：在练习中强化课堂所学的知识	运用规则策略性知识
六、作业检测	阅读并完成 2017 年高考全国卷 3《我们的裁缝店》相关题目（见附 2）。 说明和反思：让学生迁移出课堂里所学的知识，把知识运用起来	检测、反馈

附 1：

白鹿原上奏响一支老腔

　　我第一次看老腔演出，是前两三年的事。朋友跟我说老腔如何如何，我却很难产生惊诧之类的反应。因为尽管我在关中地区生活了几十年，却从来没听说过老腔这个剧种，可见其影响的宽窄了。开幕演出前的等待中，作曲家赵季平也来了，打过招呼握过手，他在我旁边落座。屁股刚挨着椅子，他忽然站起，匆匆离席赶到舞台左侧的台下，和蹲在那儿的一位白头发白眉毛的老汉握手拍肩，异常热乎，又与白发白眉老汉周围的一群人逐个握手问好，想必是打过交道的熟人了。我在入座时也看见了白发白眉老汉和他跟前的十多个人，一眼就能看出他们都是地道的关中乡村人，也就能想到他们是某个剧种的民间演出班社，也未太注意。赵季平重新归位坐定，便很郑重地对我介绍说，这是华阴县的老腔演出班社，老腔是很了不得的一种唱法，尤其是那个白眉老汉……老腔能得到赵季平的赏识，我对老腔便刮目相看了。再看白发白眉老汉，安静地在台角下坐着，我突然生出神秘感来。

　　轮到老腔登台了。大约八九个演员刚一从舞台左边走出来，台下观众便响起一阵哄笑声。我也忍不住笑了。笑声是由他们上台的举动引发的。他们一只手抱着各自的乐器，另一只手提着一只小木凳，木凳有方形有条形的，还有一位肩头架着一条可以坐两三个人的长条板凳。这些家什在关中乡村每一家农户的院子里、锅灶间都是常见的必备之物，却被他们提着扛着登上了西安的大戏台。他们没有任何舞台动作，用如同在村巷或自家院子里随意走动的脚步，走到戏台中心，各自选一个位置，放下条凳或方凳坐下来，开始调试各自的琴弦。

　　锣鼓敲响，间以两声喇叭嘶鸣，板胡、二胡和月琴便合奏起来，似无太多特点。而当另一位抱着月琴的中年汉子开口刚唱了两句，台下观众便爆出掌声；白毛老汉也是刚刚接唱了两声，那掌声又骤然爆响，有人接连用关中土语高声喝彩，"美得很！""太

续上表

斩劲了！"我也是这种感受，也拍着手，只是没喊出来。他们遵照事先的演出安排，唱了两段折子戏，几乎掌声连着掌声，喝彩连着喝彩，无疑成为演出的一个高潮。然而，令人惊讶的一幕出现了，站在最后的一位穿着粗布对门襟的半大老汉扛着长条板凳走到台前，左手拎起长凳一头，另一头支在舞台上，用右手握着的一块木砖，随着乐器的节奏和演员的合唱连续敲击长条板凳。任谁也意料不及的这种举动，竟然把台下的掌声和叫好声震哑了，出现了鸦雀无声的静场。短暂的静默之后，掌声和欢呼声骤然爆响，经久不息……

我在这腔调里沉迷且陷入遐想，这是发自雄浑的关中大地深处的声响，抑或是渭水波浪的涛声，也像是骤雨拍击无边秋禾的啸响，亦不无知时节的好雨润泽秦川初春返青麦苗的细近于无的柔声，甚至让我想到柴烟弥漫的村巷里牛哞马叫的声音……

我能想到的这些语言，似乎还是难以表述老腔撼人胸腑的神韵；听来酣畅淋漓，久久难以平复，我却生出相见恨晚的不无懊丧自责的心绪。这样富于艺术魅力的老腔，此前却从未听说过，也就缺失了老腔旋律的熏陶，设想心底如若有老腔的旋律不时响动，肯定会影响到我对关中乡村生活的感受和体味，也会影响到笔下文字的色调和质地。后来，有作家朋友看过老腔的演出，不无遗憾地对我说过这样的话，你的小说《白鹿原》是写关中大地的，要是有一笔老腔的画面就好了。我却想到，不单是一笔或几笔画面，而是在整个叙述的文字里如果有老腔的气韵弥漫……

直到后来小说《白鹿原》改编成话剧，导演林兆华在其中加入了老腔的演唱，让我有了一种释然的感觉。从此老腔借助话剧《白鹿原》登上了北京人民艺术剧院的舞台。

后来还想再听老腔，却难得如愿。不过两年之后，我竟然在中山音乐堂再次过足了老腔的瘾。那天，无论白毛老汉，还是其他演员，都是尽兴尽情完全投入地演唱，把老腔的独特魅力发挥到最好的程度，台下观众一阵强过一阵的掌声，当属一种心灵的应和。纯正的关中东府地方的发音，观众能听懂多少内容可想而知，何以会有如此强烈的呼应和感染力？我想到的是旋律，一种发自久远时空的绝响，又饱含着关中大地深厚的神韵，把当代人潜存在心灵底层的那一根尚未被各种或高雅或通俗的音律所淹没的神经撞响了，这几乎是本能地呼应着这种堪为大美的民间原生形态的心灵旋律。

我在那一刻颇为感慨，他们——无论秦腔或老腔——原本就这么唱着，也许从宋代就唱着，无论元、明、清，以至民国到解放，直到现在，一直在乡野在村舍在庙会就这样唱着，直到今晚，在中山音乐堂演唱。我想和台上的乡党拉开更大的距离，便从前排座位离开，在剧场最后找到一个空位，远距离欣赏这些乡党的演唱，企图排除因乡党乡情而生出的难以避免的偏爱。这似乎还有一定的效应，确凿是那腔儿自身所产生的震撼人的心灵的艺术魅力……在我陷入那种拉开间距的纯粹品赏的意境时，节目主持人濮存昕却作出了一个令全场哗然的非常举动，他由台角的主持人位置快步走到台前，从正在吼唱的演员手中夺下长条板凳，又从他高举着的右手中夺取木砖，自己在长条板凳上猛砸起来，接着扬起木砖，高声吼唱。观众席顿时沸腾起来。这位声名显赫的濮存昕已经和老腔融和了，我顿然意识到自己拉开间距，寻求客观欣赏的举措是多余的。

（取材于陈忠实的同名散文）

21. 作者对老腔的认识经历了怎样的变化过程？请结合全文作简要说明。（4分）

附2：

我们的裁缝店
李娟

在城市里，裁缝和裁缝店越来越少了，但在喀吾图，生活迥然不同。这是游牧地区，人们体格普遍高大宽厚，再加上常年的繁重劳动，很多人身体都有着不同程度的变形，只有量身定做的衣服才能穿得平展。

我们租的店面实在太小了，十来个平方，中间拉块布帘子，前半截做生意，后半截睡觉、做饭。但这样的房间一烧起炉子来便会特别暖和。很多个那样的日子，狂风呼啸，昏天暗地，小碎石子和冰雹砸在玻璃窗上，"啪啪啪啪"响个没完了……但我们的房子里却温暖和平，锅里炖的风干羊肉溢出的香气一波一波地滚动，墙皮似乎都给香的酥掉了。

我们还养了金鱼，每当和顾客讨价还价相持不下时，我们就请他们看金鱼，这样的精灵实在是这偏远荒寒地带的最不可思议的尤物——清的水和清洁的美艳在清洁的玻璃缸里曼妙地晃动，透明的尾翼和双鳍缓缓晕染在水中，张开、收拢，携着音乐一般……

这样，等他们回过神来，再谈价钱，口气往往会软下来许多。

当地男人们很少进屋，最固执的是一些老头儿，偶尔来一次，取了衣服却死活不愿试穿，即使穿了也死活不肯照镜子，你开玩笑地拽着他们往镜子跟前拖，让他亲眼看一看这身衣服多漂亮，可越这样他越害羞，双手死死捂着脸，快要哭出来似的。

女人们就热闹多了，三三两两，不做衣服也时常过来瞅一瞅，看我们有没有进新的布料，如果有了中意的一块布，未来三个月就一边努力攒钱，一边再三提醒我们，一定要给她留一块够做一条裙子的。

库尔马家的儿媳妇也来做裙子了，她的婆婆拎只编织袋跟在后面，量完尺寸我们让她先付订金，这个漂亮女人二话不说，从婆婆拎着的袋子里抓出三只鸡来——"三只鸡嘛，换条裙子，够不够？"

她订的是我们最新进的晃着金色碎点的布料，这块布料一挂出来，村子里几乎所有的年轻媳妇都跑来做了一条裙子。

她说："不要让公公知道啊？公公嘛，小气嘛。给他知道了嘛，要当当（唠叨、责怪）嘛！"

续上表

"婆婆知道就没事了？"

"婆婆嘛，好得很嘛！"她说着拽过旁边那矮小的老妇人，"叭"地亲一口："裙子做好了嘛，我们两个嘛，你一天我一天，轮流换着穿嘛！"

她的婆婆轻轻嘟囔一句什么，露出长辈才有的笑容。

但是我们要鸡干什么？但是我们还是要了。

还有的人自己送布来做，衣服做好后却凑不够钱来取，只好挂在我家店里，一有空就来看一看，试穿一下，再叹着气脱下来挂回原处。

有个小姑娘的一件小花衬衣也在我们这儿挂着，加工费也就八元钱，可她妈妈始终凑不出来，小姑娘每天放学路过我家店，都会进来对着新衣服摸了又摸，不厌其烦地给同伴介绍："这就是我的！"穿衬衣的季节都快要过去了，可它还在我们店里挂着！最后，我们先受不了了。有一天，这孩子再来看望她的衣服时，我们就取下来让她拿走，小姑娘惊喜得不敢相信。在那儿不知所措地站了好一会儿，才慢吞吞挪出房子，然后转身飞快跑掉。

裁缝的活不算劳累，就是太麻烦，量体、排料、剪裁、锁边、配零件、烫粘合衬、合缝……做成后，还得开扣眼，钉扣子，缝垫肩、锁裤边。浅色衣服还得洗一洗，缝纫机经常加油，难免会脏一点，而且烙铁也没有电熨斗那么干净，一不小心，黑黑的煤灰就从气孔漾出来，沾得到处都是。

是呀，从我们当裁缝的第一天起，就发誓一旦有别的出路，死也不会再干这个了。但假如有一天不做裁缝，我们还是得想办法赚钱过日子，过同样辛苦的生活。——可能干什么都一样的吧？

是这样的，帕孜依拉来做衬衣，我们给她弄得漂漂亮亮的，她穿上以后高兴得在镜子面前转来转去地看。但是我立刻发现袖子那里有一点不平，就殷勤地劝她脱下来，烧好烙铁，"滋——"地一家伙下去……烫糊一大片……

怎么办呢？我们商量了半天，把糊的地方裁掉，用同样的布接了一截子，将袖口做大，呈小喇叭的样式敞开，还钉上了漂亮的扣子，最后又给它取了个名字："马蹄袖"。

但是后来……几乎全村的年轻女人都把衬衣袖子裁掉一截，跑来要求我们给她们加工"马蹄袖"。

干裁缝真的很辛苦，但那么多事情，一针一线的，不是说拆就能拆得掉。当我再一次把一股线平稳准确地穿进一个针孔，总会在一刹那想通很多事情。(有删改)

4. 下列对文本相关内容和艺术特色的分析鉴赏，不正确的一项是(3分)

A. 作为游牧地区，喀吾图与城市"生活迥然不同"，读者由这一点出发会感受到裁缝店里的寻常事别有趣味。

B. 养金鱼可以成为裁缝店独特的生意经，是因为金鱼转移了顾客的注意力，让他们在美的愉悦里一改平日的斤斤计较。

C. 作者善于借小故事来表达情感，比如接受女顾客以鸡换衣，既是对她个人爱美之心的赞赏，也含有一种对质朴人情的认同。

D. 本文记述了裁缝生活中温馨的插曲，但并没将这种生活过于浪漫化，一针一线辛苦踏实的劳动，才是平稳真切的生活感受。

5. 结合上下文，分析文中画横线的句子的含意。(5分)

6. 本文的语言充满生活气息，请结合全文对此加以赏析。(6分)

第三节 科学取向的"导教"策略研究与课例——诗歌

本节立足诗歌的文体特征，尝试探索有关诗歌教学的科学的"导教"策略，引导教师立足语文核心素养帮助学生知韵律、晓意境、明内蕴，终而致素养，达到促进学生思维发展的目标。

一、科学取向的"导教"策略研究——诗歌

英国美学学会主席赫伯特·里德在《寓教育于艺术》中指出："美育不仅成为当今教育中的重要组成部分，而且大有可能成为整个教育的基础和整个教育改革的突破口。"的确，学习语文的过程，就是不断地发现美、鉴赏美、创造美的过程，语文老师就是要带领学生感悟美，要引导学生领略美、欣赏美。诗词之美的渗透，是美育中不可或缺的重要部分。美育也是语文核心素养极为关注的要素。语文的核心素养是当下语文教育教学的一个关注热点。语文核心素养的内涵到底是什么？根据语文课标修订组组长王宁教授和课标修订组核心成员王云峰教授的观点："语文核心素养是学生在积极主动的语言实践活动中构建起来、并在真实的语言运用情境中表现出来的个体言语经验和言语品质；是学生在语文学习中获得的语言知识与语言能力；思维方法和思维品质，是基于正确的情感、态度和价值观的审美情趣和文化感受能力的综合体现。它包括语言建构与运用、思维发展与提升、审美鉴赏与创造、文化传承与理解四个方面。"

语文核心素养的四个维度是一个整体，既各自独立，又相互依存。课标修订稿第一次明确将"思维发展与提升"升格为学科四大核心素养之一，对思维培养的形式和要求达到前所未有的高度。诗词教学可以促进"核心素

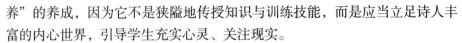

养"的养成，因为它不是狭隘地传授知识与训练技能，而是应当立足诗人丰富的内心世界，引导学生充实心灵、关注现实。

诗人何其芳说："诗歌是一种最集中地反映社会生活的文学体裁，它饱和着丰富的想象和情感，常常以直接抒情的方式来表现，语言精练，音调和谐，有鲜明的节奏和韵律。"这句话可以说最为简明扼要地概括了诗歌的四个文体特征：（1）韵律和谐，节奏鲜明、具有音乐美，适合歌唱吟咏；（2）语言精练、含蓄、形象，极富表现力；（3）通过意象和意境表达思想感情；（4）抒情色彩浓厚，思想感情与现实生活高度统一。

在上述的四个特点中，后三点是学生在理解诗词时容易卡住的原因。主要体现为：学生徘徊在诗歌之外，认为诗歌就是故弄玄虚；或学生已经隐约感受到诗歌之美，对其中的意蕴飘忽模糊，内心有所感触，但总体上朦胧一片，不甚了然。这是因为从认知心理学的层面来说，阅读心理过程包含感知、记忆、想象、思维这一系列的认知活动，是一个旧知同化新知，从而达成知识的累积与重组的过程。换而言之，现代认知心理学将阅读的本质界说为"一种从书面语言和其他书面符号中获得意义的社会行为、实践活动和心理过程"。即有意义的学习就是把新知识与原有知识建立联系，用旧知识去理解、消化新知识，使之成为自己知识体系中的有机组成部分，孔子的"温故而知新"、孟子的"以意逆志"，说的都是同样的道理。这个过程就是内化，当身体的每一个细胞都与诗歌之美同频共振时，就是灵魂激荡、生命拓展的时刻。

要达到知识的内化，先要认识到记忆的特征。记忆中有三种编码：听觉编码即声码、视觉编码即形码、语义编码即意码，是按事物的各种性状将其分成三种编码分别贮存在三个不同的位置，而后可以用声、形、意三种不同的途径来检索这一记忆。所以从记忆知识的角度来说，为何有的知识老师讲过了对于学生而言仅仅如同"水过鸭背"，正是因为三种编码没有贮存完全，无法达到旧知同化新知，以及知识的累积与重组的效果。

同理，学生之所以对诗歌理解有"如坠云雾"之感，正是因为阅读的直觉本性与整体认知之间产生了距离。为了消除此种距离，在教学中，我们应该帮助学生认识到，诗词是分成以下三个层次的：语音层、意境层、情感层。相应地，我们可以采取三种不同的教学策略。

1. 诵读优先策略

第一个层次是语音层，也就是诗歌文体特征的第一个特点——诗歌具有音乐美。

诗歌的起源可以追溯到人类文明的远古时代。那时候诗、乐、舞是一体的，因此，诗歌语言是要讲究音乐性的。既然诗歌有着鲜明的节奏和优美的语调，教师声情并茂的朗诵可以让诗歌的音调对学生产生吸引力和感染力。指向核心素养的语文教学，也应该首先要致力于培育学生的朗读能力，力求让学生在多种形式的朗诵、吟诵活动中，在反复诵读中，感受诗歌的音乐美、节奏美。

美国理论家理查德·泰勒说："作为诗歌形式的语言结构应该是具有一定的节奏变化的。"古人"吟安一个字，捻断数茎须。"除了因为格律的限制，还因为他们感觉到了声音这种美对于直接唤起人们的情绪、情感活动或帮助强调所给词语的精确意义都有极大作用。音乐美是一种能够摄人情感的巨大力量形式，极易和其他艺术形式产生共振，进而帮助学生体悟诗歌的情感。我们读李清照的《声声慢》："寻寻觅觅，冷冷清清，凄凄惨惨戚戚。"将哀怨渗入七对叠字，读出婉转连绵的双声叠韵，加强感情的渲染，从而使声音能作用于学生的听觉，进而令学生由声悟情，与诗人产生共情。

又例如在讲授《春江花月夜》时，可以播放 2008 年北京奥运会开幕式歌舞节目《春江花月夜》，让学生们感受以昆腔和歌曲歌唱诗歌的音韵美。教师带领学生试着模仿吟唱朗诵，并请一位有演唱功底的学生为大家展示，可以以自己喜欢的旋律节奏来吟唱。课后也可布置学生用绘画、歌唱、舞蹈、戏剧、朗诵等形式表达对《春江花月夜》的感悟。如此便在旧知同化新知的过程中，将诗歌的理解作为声码储存起来。具有音乐性的语言通过教师范读、学生反复诵读，既增加了审美情趣，又深化了作品的意义。

2. 艺术手法分析优先策略

诗歌艺术的文本特征第二层是意境层。感知是审美过程的初级阶段。这时审美对象留给审美者的印象仅仅是表面的，审美者还没有掌握审美对象更深层的内容，因而也不可能立即结合自身的生活感受做出审美判断。众所周知，诗歌的本性是意境。只有领略了诗歌的底蕴——意境，才是从本质上把握了诗词之美。但意境之美又具有模糊性、朦胧性的特点，要想使学生很好地领会意境之美便需要明确一点，即诗歌语音是非正常化的。诗歌正是通过非正常的语言规范来表现朦胧、跌宕的情意和别出心裁的构思，在短小的篇幅中以密集的非正常化语言来冲击读者的视觉和听觉，以期产生奇特的艺术效果。

这种语言的非正常化体现在诗人使用的艺术手法上。亚里士多德说：

"只了解一个人应该说什么是不够的,人必须了解怎样表达。善于用词语表达的优点是易于理解,但不是平庸。当然,最明晰的表达方式是由最普通的词句构成,但易于显得平庸无味。一种高尚及有独创性的表达方式要使用不平常的词句。"柏拉图更是将修辞学称为驾驭人类心灵的艺术。这都是因为艺术手法起着调整语气和产生美学效果的作用。

在认知心理学看来,如果阅读没有前理解就算不上真正的阅读。阅读前理解大致由两个方面的内容构成:一为文体经验的积累,一为生活经验的积淀。文体经验又包括两个因素:一是对文体规范、语体特点等知识的了解程度,二是读者对该文本与其他方面隐蔽联系的把握程度。对诗歌艺术手法的掌握属于阅读的前理解中文体经验的积累。有研究者指出:素养=(知识+能力)态度。可见,知识是形成素养的必要条件,能够校准语文核心素养的宽度。诗歌的形象是融入了作者主观感情的客观事物,要理解客观景物的描写是如何融进作者主观感情的,就要对诗人采取的艺术手法进行分析。诗歌中涉及的艺术手法主要包括三个方面:

①表达方式:记叙、描写(虚实、动静)、抒情、议论、铺陈等。

②表现手法:起兴、联想、烘托、衬托(正衬或反衬)、抑扬、照应、正侧、象征、对比、对照、由实入虚、虚实结合、运用典故、化用、直抒胸臆、借景抒情、寓情于景、情景交融、托物言志、借古讽今、化动为静、动静结合。

③修辞手法:比喻、借代、夸张、对偶、对比、比拟、排比、设问、反问。

学生一看到这些艺术手法,就容易"望而却步"。所以在教学中若能够以形象而直观的方式帮助学生掌握艺术手法,就可以避免学生"胡子眉毛一把抓"的问题。例如国画与诗歌艺术手法是相通的,在明确诗歌艺术手法的概念后,可将渲染、烘托、衬托等学生比较容易混淆的手法以国画的方式进行演示,将抽象的概念形象化,便可以让学生通过分析诗人选择的意象来把握诗人创造的意境之美——在感知的基础上,学生进一步被激起审美感情上的冲动,不仅被审美对象所吸引,唤起以往的记忆和联想,而且同审美对象发生了强烈的感情交流。

3.比较阅读鉴赏评价优先策略

第三层是情感层。朱光潜说:"一切纯文学都要有诗的特质。……诗比别类文学较谨严,较纯粹,较精致。"认知心理学原理告诉我们,知觉经验具有整体性。其要义是部分不等于整体。知觉经验不是感觉元素的复合,而是一个统一的整体。这种整体性是在任何部分中找不到的，这是一种新的质，这种新的质不属于具体的任何部分，它是一种在感觉的碎片中找不到的整体性。我们在诗歌教学中要达成这种整体性，就要求我们认识到，诗歌是用优美凝练的语言写成的，唯有将诗词中的情感由表及里地挖掘出来，调动学生的感知、情感、想象、理解等心理功能，才能让学生透彻领悟诗歌中深刻的意味，同时培养学生敏锐的感知力、独特的想象力和深刻的理解力。学生的这些能力越高，素质就越高。

现代认知心理学认为"理解"实际上就是一个学习者以信息的接收编码为基础，根据已有信息建构内部的心理表征，进而获取心理意义的过程。所以说诗歌教学的目的在于教会学生"理解"作品。对于高中生而言，理解到诗歌丰富、细腻和复杂的情感是具有一定难度的。在这种情况下，诗歌的比较辨析法能够帮助他们更好地拓展情感的丰富性和层次性，在比较中体悟情感的异同、表达情感方式的异同，进而明确不同情感之间的细微差异，打破模糊、模棱两可的感知瓶颈。

除此以外，"方法比知识更重要"。指向核心素养的语文教学，应该要关注学生学习方法的获得，使得学生在语文实践的过程中，掌握学习语文的好方法，以此延伸语文核心素养的长度。语文是实践性课程，这就意味着在教学方式上，要强化学生的"学"，淡化教师的"教"，多采用启发式、讨论式、探究式、参与式的教学。"比较是朴素的认识事物方法"，同时，也是非常重要的阅读方法。这种方法适用性比较广，既是具体分析，也是综合分析。诗歌阅读中，可以把学到的不同的诗作进行比较，同中求异，异中求同。这是一种充分利用语文资源的方法，对于开阔学生的视野大有好处。同时，比较辨析法也是大单元教学对于整合不同资源和文本的必然要求。不论是从哪个侧面进行比较，只要它们之间有相同之处都可以比较，从中找出异同，从而更好地理解作品的精妙之处，即作品"极紧要，极精彩处"。例如在讲授苏轼《定风波》时，比较鉴别（学生讨论完成）回忆《琵琶行》，学生朗读，比较白居易和苏轼贬谪诗文中流露的不同情绪。读完《琵琶行》再齐读《定风波》，学生发言，总结白诗体现出的是"怨、不平"，苏词体现出"达、圆融"。"风雨""烟雨"，既指自然界的风雨，也指人生的不如意。

这样看来，诗歌比较辨析法所具有的深刻思辨性不仅能够很好地培养学生的审美素养，更能提升学生的思维素养。在语文实践的过程中，比较辨析可以延伸语文核心素养的长度，进一步激起学生审美感情上的冲动。例如在杜甫《登高》中引入《旅夜书怀》进行比较阅读，学生能够体会到：从写景来看,《登高》当中的景物的数量是多的,诗人从动态的大景入手,表达的情感是多的,呈现一种满的状态;而《旅夜抒怀》当中的景物数量很少,从静态的小景入手,情感也是较为集中的,呈现出一种空的状态。如果从景物的色彩呈现来看,《登高》的景物色彩是丰富的,而《旅夜书怀》的色彩较为单一。从时空来看,《登高》涉及的时间和空间是丰富的,而《旅夜书怀》的空间感较强,呈现出疏朗的特点。综上所述,《登高》之所以被称为"古今律诗之首",正是因为这样一种"满"的状态,体现了作者情感的丰富性和层次性。这样一比较,既能充分利用语文资源,又能开阔学生的视野。在诗歌阅读中,学生把不同的诗作进行比较,同中求异,异中求同,就能将诗歌的理解作为意码储存起来,从而走进诗人丰富的内心世界。

这样的比较辨析法能够通过精心创设一些贴近学生发展区的认知冲突,唤醒学生的思维,激发学生的期待,引领学生潜心钻研,能够在自主阅读中发现问题,在静思默想中探究问题,在交流合作中解决问题,发展学生的思维。

4. 结语

综上所述,诗歌的文体特征导致学生在理解诗歌时难免有"如坠云雾"之感,我们在诗歌教学时应通过反复诵读来引导学生感知诗歌的音韵美,酿造语文核心素养的浓度;教会学生通过分析意象来领略意境之美,构建语文核心素养的宽度;用比较辨析的方法来举一反三,把握诗歌的思想内涵,体味诗人的内心情感之美,从而培养审美能力,垫起语文素养的高度。

总而言之,审美能力是语文能力中不可或缺的能力。指向核心素养的语文教学,也要注意培育学生的审美情趣。欧阳修云:"作诗须多诵古今人诗,不独诗尔,其他文字皆然。"学生阅读文质兼美的诗词,可以丰富词汇,学习借鉴表达方法,而且可以受到艺术感染和品德教育。为培养学生良好的语文核心素养,在日常的诗词教学中,应该把领略诗词的美放在更高的层次来观照。要关注人的生命成长,要从传统的关注知识点的落实,转向关注核心素养的养成上来,尊重学生,激励学生,发展学生,使得学生在学语习文的语文实践中涵育语文情感。课堂教学只是为学生"打一点精神的底子",使其习得语文知识,把握语文方法,砥砺语文能力,生成语文品格,成为具有丰厚素养的语文人。要使学生通过审美能力和思维能力的提高,延伸语文素养的长度。让学生在以后的人生道路上,都能以一种"美"的心灵来拥抱生活,创造更加美好的人生。这,应该是语文教学的终极目标,或许也是整个教育的最高境界。

二、科学取向的"导教"课例——诗歌

1. 课例一：《春江花月夜》

《春江花月夜》教学设计见表3-8。

表3-8　《春江花月夜》教学设计

课题：　春江花月夜

设计与执教：广东实验中学　莫莉　学生年级：高二

学习目标：

1. 培养学生于诵读中领悟《春江月夜花》诗歌音韵美的能力。

2. 把握诗歌景、理、情三部分的情感变化，从而感受诗歌内在跌宕起伏的律动美。

3. 通过置身诗境的方法，赏析本诗景、理、情浑然天成的哲思美。

学习结果类型与学习条件分析： 属于高级技能学习。

所需要的条件是：

1. 学生掌握了诗歌的基本知识和技能，具有进一步学习的动机。

2. 多媒体演示设备。

3. 粤教版课本《春江花月夜》篇目

起点能力：

1. 学生对吟唱诗歌有一定的模仿能力。

2. 学生具备一定的分析语言材料能力和语言表达能力。

3. 学生具备一定的情感认知分析能力。

学生能力结构分析：

终点目标

缘景明情，赏析本诗景、理、情浑然天成的哲思美。

把握诗歌景、理、情三部分的内在情感变化。

1. 学生对吟唱诗歌有一定的模仿能力。
2. 学生具备一定的分析语言材料能力和语言表达能力。
3. 学生具备一定的情感认知分析能力。

起点能力

续上表

课堂教学过程：

课时：　第二课时

教学事件	教学活动及策略	评析
一、明确目标，激发兴趣	播放 2008 北京奥运会开幕式歌舞节目《春江花月夜》，让学生们感受以昆腔和歌曲歌唱本诗的音韵美，教师带领学生试着模仿吟唱朗诵，并请一位有演唱功底的学生为大家展示，可以以自己喜欢的旋律节奏来吟唱	补充一些有趣材料，激发学生兴趣
二、回忆已知	第一课时师生共同分析了"春、江、花、月、夜"中最重要的意象是"月"，并依据所有写月的位置的诗句，理清诗歌的思路。 　　学生们所依据的诗句是： 　　"海上明月共潮生" 　　"皎皎空中孤月轮" 　　"江潭落月复西斜" 　　"落月摇情满江树" 　　由此明确了诗中的"月"的运动轨迹是——月升、月悬、月斜、月落四个位置，并明白了这首诗可以月为线索，分两块内容，以"但见长江东流水"为界，前一部分由景入理，后一部分由景入情。 　　板书： 　月落←月斜←月悬←月升 　景：辽阔、朦胧、空灵、寂静、纯净 　理： 　情：	巩固起点能力
三、学习新知	教师提问：2008 北京奥运开幕式为何选取《春江花月夜》作为开场曲目？首先我们来分析月下景致引发了作者怎样的情思？ 　　明确："江天一色"见辽阔苍茫，"空中孤月"见寂寞空旷。在这样伟大美丽的自然面前，诗人先想到了"江畔何人初见月？江月何年初照人？"这两个无人能解的问题。 　　古往今来，不少文人在面对美好河山、优美风光时都会思考宇宙与人生。 　　补充资料： 　曹植：天地无终极，人命若朝霜。 　刘希夷：年年岁岁花相似，岁岁年年人不同。	这个阶段是教学的重点时段

教学事件	教学活动及策略	评析
	苏轼：哀吾生之须臾，羡长江之无穷。 张若虚：人生代代无穷已，江月年年望相似。 （1）学生讨论交流，比较前三位与张若虚对宇宙人生思考的异同。 相同：感慨宇宙永恒。 不同：前三位感慨人生短暂，但张若虚礼赞人类生生不息，生命永恒。 江月年年望相似，江水岁岁流不息。记得周国平说过：诗人与哲学家是相通的。张若虚就是这样，他跳出了"物是人非"的磁场，站在历史的高度，用哲学的视角，仰观宇宙，俯瞰人生，"代代无穷已"，这人生虽短暂、虽无常，但却和明月、长江共存于永恒的天地间。所以，我们也应该抓住手中有限的光阴，活在当下，把握自己的人生。有人曾评价这几句诗"哀而不伤"，在字里行间洋溢着青春、热情的盛唐之音。 板书：理——哀而不伤 宇宙·人生 （2）学生活动：学生诵读抒情的部分，寻找抒情主体。 教师提问：诗人借月亮意象表达了什么情感？ 总结月亮意象的含义：思归怀人，离愁别恨 反复吟诵，在读中再次感受游子思妇相思以及作者对人间至真至纯的爱情的讴歌。 板书：情——游子思妇：睹月思人，借月抒怀	
四、归纳、总结	学生在缘景明情、比较鉴赏之后，明确了全诗以月为线索，将月与江、月与花、月与夜、月与人相结合，表达了诗人对春江花月夜大自然美景的赞美，对永恒的宇宙人生哲理的思索，哀而不伤，意境清新邈远，表达了游子思归、思妇怀人的相思之情	师生共同归纳出学习的规则
五、变式练习	可再次重温2008年奥运开幕式歌舞《春江花月夜》，或可随着配乐再次吟诵	运用规则策略性知识

续上表

教学事件	教学活动及策略	评析
六、迁移创新	用心灵去感受体验并描绘《春江花月夜》的美。用你的特长,诸如绘画、歌唱、舞蹈、戏剧、朗诵等形式表达你对本诗的感悟,可用视频或纸质文稿的形式呈现	检测、反馈

2. 课例二:《诗歌艺术手法辨析》

《诗歌艺术手法辨析》教学设计见表3-9。

表3-9 《诗歌艺术手法辨析》教学设计

课题: 诗歌艺术手法辨析

设计与执教:广东实验中学 莫莉 学生年级:高二

学习目标:

1. 了解国画与诗歌艺术手法相通之处,从而明确诗歌艺术手法的概念。

2. 学会辨别诗歌中使用的艺术手法。

3. 学会"知言、明象、析境、悟意",通过分析艺术手法从而把握诗歌的情感。

学习结果类型与学习条件分析:属于高级技能学习。

所需要的条件是:

1. 学生掌握了基本的艺术手法知识并有进一步学习的动机。

2. 多媒体演示设备。

3. 笔墨纸砚、高考语文说明手册。

4. 丰子恺漫画全集。

起点能力:

1. 学生对国画有基本的认识和了解。

2. 学生具备一定的分析诗歌能力和语言表达能力。

3. 学生具备一定的融会贯通的思辨能力。

学生能力结构分析:

终点目标

学会通过分析渲染、烘托、衬托的艺术手法来把握诗歌情感。

续上表

通过了解国画与诗歌艺术手法相通之处，明确渲染、
烘托、衬托的联系以及区别，将抽象的艺术手法形象化。

1. 学生对国画有基本的认识和了解，并具有一定的美术基础。
2. 学生具备一定的分析诗歌能力和语言表达能力。
3. 学生具备一定的融会贯通的思辨能力。

起点能力

课堂教学过程：

课时：　第一课时

教学事件	教学活动及策略	评析
一、激发学习动机	请同学帮助将宣纸铺于黑板或投影台，并请一位同学磨墨。准备工作完成后，先明确高考要求的艺术手法，再普及国画与诗歌艺术手法之间的相通之处的基本知识	营造充满诗意的教学氛围，激发学生学习兴趣
二、回忆已知	1. 让学生自主提问，认为古诗中最难把握、最易混淆的艺术手法是哪些，明确弄错艺术手法失分之重。 （1）艺术手法，又叫表达技巧，包括三个方面： ①表达方式：记叙、描写（虚实、动静）、抒情、议论、铺陈等。 ②表现手法：起兴、联想、烘托、衬托（正衬或反衬）、抑扬、照应、正侧、象征、对比、对照、由实入虚、虚实结合、运用典故、化用、直抒胸臆、借景抒情、寓情于景、情景交融、托物言志、借古讽今、化动为静、动静结合。 ③修辞：比喻、借代、夸张、对偶、对比、比拟、排比、设问、反问。 （2）"情""志"的区别：在诗歌里，"情"就是我们平时说的喜、怒、忧、思、悲、恐、惊，一般都是通过景物描写表达出来的；"志"就是我们平时说的理想、抱负、情操、品格等，一般都是通过对物的描写表达出来的。 （3）"情""景"关系区别：借景抒情、寓情于景、情景交融都是诗人把要表达的感情通过景物表达出来。"借景抒情"表达感	巩固起点能力

续上表

教学事件	教学活动及策略	评析
	情比较直接，读完诗歌后的感受是见"情"不见"景"；"寓情于景""情景交融"，表达感情时正面不着一字，读完诗歌后的感受是见"景"不见"情"，但是仔细分析后却发现诗人的感情全部寓于眼前的自然景色之中，一切景语皆情语。 （4）描写的角度：常见的角度有形、声、色、态、味。"形""色"是视觉角度，"声"是听觉角度，"态"分为动态和静态，"味"是触觉角度。 2. 从中选取渲染、烘托、衬托这三种既紧密联系又较易混淆的艺术手法，并对其基本概念进行讲解	
三、学习新知	1. 将渲染、烘托、衬托的手法以国画的方式进行演示，将抽象的概念形象化。 2. 选取粤教版语文课本中典型的诗歌案例，分析其渲染、烘托、衬托手法的运用。 渲染：渲染就是通过对环境、景物或人物的行为、心理的描写、形容或烘托，以突出形象，加强艺术效果的一种表现手法。 如：《雨霖铃》上片描写送别的环境，作者浓墨重彩，极力渲染一种凄凉的气氛，加重了离愁别恨。 《登高》首联"风急天高猿啸哀，渚清沙白鸟飞回"俯仰所见所闻，一连出现六个特写镜头，渲染秋江景物的特点。 烘托：烘托属侧面描写，原是国画的一种画法，后用于写作技法，指的是以乙托甲，使甲的特点或特质更加突出。此种手法常与渲染手法结合起来使用。 如《琵琶行》中三次写江中之月，分别烘托了琵琶声的美妙动听、引人入胜和人物凄凉、孤独、悲伤等心情。 苏轼在《念奴娇·赤壁怀古》中所要塑造的人物形象是周瑜，作者却从"千古风流人物"说起，由此引出赤壁之战时的"多少豪杰"，最后才集中为周瑜一人，突出了周瑜在作者心中的地位。	这个阶段是教学的重点时段

教学事件	教学活动及策略	评析
	衬托：衬托是烘托的一种，指的是为了使事物的特色突出，用另一些事物放在一起来陪衬或对照。衬托手法又分两种：一种是正衬（陪衬），一种是反衬。正衬是用相同的东西来衬托，如白居易的《长恨歌》，写杨贵妃"回眸一笑百媚生，六宫粉黛无颜色"，以美衬美；反衬是用相反的东西来衬托，有以动衬静，以美衬丑，以乐衬苦等。如"蝉噪林逾静，鸟鸣山更幽""僧敲月下门"等都是以动衬静	
四、归纳、总结	通过分析这三种艺术手法，归纳出作者营造的景物氛围特点，并由此分析出作者与之相匹配的思想情感	师生共同归纳出学习的规则
五、变式练习	通过鉴赏丰子恺漫画中以诗词入画的作品，即选取一句诗，将其表现的情景用画作表现出来。教师挑选四幅运用了渲染或烘托、衬托的画作，全班学生分为四个大组，每个大组研究一幅画作，学生以四人小组形式进行讨论，每个大组选派一个小组为代表发言，分析艺术手法	运用规则策略性知识
六、作业检测	布置诗歌鉴赏题，进一步巩固渲染、烘托和衬托在诗歌中的运用	检测、反馈

3. 课例三：《定风波》

《定风波》教学设计见表 3-10。

表 3-10　《定风波》教学设计

课题：　定风波

设计与执教：广东实验中学　莫　莉　学生年级：高二

学习目标：

掌握鉴赏诗歌中的抒情主人公形象，通过分析《定风波》的表现手法，理解作品的思想内容，体会词中包含的人生哲理。

学习结果类型与学习条件分析：属于高级技能（理解内容、表达技巧）、语文综合能力

续上表

学习。

所需要的条件是：

1. 了解写作背景，确定抒情主人公的身份或角色。

2. 找出词中抒情主人公的动词，归纳其形象特点。

3. 理解一语双关的表现手法，概括抒情主人公形象的意义。

起点能力：

1. 学习过《荷塘月色》中引用的《西洲曲》，掌握了一语双关的表现手法。

2. 通过比较阅读，学会分析贬谪诗文中的不同的思想内容。

学生能力结构分析：

终点目标

结合比较阅读和真题演练，理解抒情主人公形象的意义，
体会词中包含的人生哲理。

分析抒情主人公的外部形象特点。

找出词中抒情主人公的动词。

1. 学习过《荷塘月色》中引用的《西洲曲》，掌握了一语双关的表现手法。

2. 通过比较阅读，学会分析贬谪诗文中的不同的思想内容。

起点能力

课堂教学过程：

课时：　第一课时　

教学事件	教学活动及策略	评析
一、激发学习动机	以一双木屐（道具）导出苏轼的被贬经历：我在下雨时节多穿木屐，本应身处中原的苏轼也穿过类似的木屐。学生回答："因为他被贬了。"导出苏轼的被贬经历——《自题金山画像》："问汝平生功业，黄州、惠州、儋州"	补充一些有趣材料，激发学生兴趣

教学事件	教学活动及策略	评析
二、回忆已知	引导学生回忆《赤壁赋》以及《黄州快哉亭记》中提及的苏轼被贬黄州的经历，明确写作背景——这首词作于宋神宗元丰五年（1082），此时苏轼因乌台诗案被贬谪黄州已近三年	巩固起点能力
三、学习新知	1. 配乐朗诵：老师范读，营造气氛，引发学生的探究兴趣。 2. 学生齐读，整体感知。 3. 这首词刻画了怎样的抒情主人公形象? 请结合全词，具体赏析。（学生讨论完成） 提示：人物形象题的答题模式 （1）形象是什么？（身份或角色） （2）形象的特征（结合诗句分析，抓动词） （3）形象的意义（形象所反映出的作者的思想情感） 4. 通过写作背景的分析，学生一致确定抒情主人公身份是一位被贬的官员。 5. 小组合作，找出抒情主人公的动词，归纳其外部形象特征——潇洒、豪放、自由、不受拘束等。 6. 比较鉴别。（学生讨论完成）回忆《琵琶行》，学生朗读，比较白居易和苏轼贬谪诗文中流露的不同情绪。（读完《琵琶行》再齐读《定风波》） 7. 学生发言，总结白诗体现出的是"怨、不平"，苏词体现出"达、圆融"。"风雨""烟雨"既指自然界的风雨，也指人生的不如意，掌握一语双关的表现手法。 8. 讲练结合后，全体起立尝试背诵	这个阶段是教学的重点时段
四、归纳、总结	掌握分析诗词中抒情主人公形象的方法： （1）形象是什么？（身份或角色） （2）形象的特征（结合诗句分析，抓动词） （3）形象的意义（形象所反映出的作者的思想情感）	师生共同归纳出学习的规则

续上表

教学事件	教学活动及策略	评析
五、变式练习	讲练结合，学生在课堂上完成陆游《鹧鸪天》诗词鉴赏题："这首词的抒情主人公是一个什么样的形象？"运用抒情主人公形象分析"三部曲"：本词抒情主人公是一个表面旷达闲适、内心却充满抑郁不平的隐士（或：落寞英雄）形象	运用规则策略性知识
六、作业检测	利用课余时间阅读林语堂的《苏东坡传》，以《风雨人生》为题写一篇读书笔记	检测、反馈

附板书设计：

莫听　　　　气定神闲

吟啸　徐行　　轻松　自若

竹杖芒鞋　　　闲散

烟雨：自然界的风雨　政治的风云变幻　　　——一语双关

风雨、晴：下雨、晴天　宦海沉浮，人生起伏

任：镇定　洒脱　从容　旷达

4. 课例四：《雨巷》

《雨巷》教学设计见表3-11。

表3-11　《雨巷》教学设计

课题：　雨巷

设计与执教：广东实验中学　莫莉　学生年级：高一

学习目标：

1. 读诗歌，品味诗歌的音乐美。

2. 明意象，了解诗歌的象征意义及作者要表达的思想感情。

3. 品诗情，感悟诗歌的思想美，从而培养学生对诗的审美能力。

学习结果类型与学习条件分析：属于高级技能（理解内容、表达技巧）、语文综合能力学习。

所需要的条件是：

1. 了解写作背景，确定抒情主人公的身份或角色。

---

2. 体悟人生共通性，体会抒情主人公追寻理想路上的孤独、迷茫与徘徊、挣扎。

起点能力：

1. 学习过《再别康桥》，对诗歌的音乐美、建筑美、思想美有一定的了解。

2. 对意象和象征有认知和理解。

学生能力结构分析：

终点目标

人生处处有"雨巷"，培养学生勇于追求理想、乐观积极的人生态度

了解诗歌的象征意义及作者要表达的思想感情

明意象

起点能力

课堂教学过程：

课时： 第一课时

教学事件	教学活动及策略	评析
一、激发学习动机	在中国现代文学史上，有这样一位诗人，他多情而忧郁，撑着一把油纸伞，彷徨在江南雨巷。他诗中的姑娘，没有模样，只有模糊的轮廓，如同一朵紫色的丁香，在一片烟雨朦胧之中散发着淡雅、哀婉的幽香，让无数读者为之陶醉。他，就是戴望舒。 　　今天，就让我们走进戴望舒的成名作——《雨巷》，领略一下独属于戴望舒的魅力	补充有关诗人的知识，激发学生兴趣
二、初读感知	1. 教师范读，标注字音。 　　教师范读，营造一种凄婉迷茫的意境，从而激发学生对《雨巷》的兴趣。 　　2. 学生齐读诗歌。 　　学生初步把握诗歌感情基调，同时感受诗歌独特的音韵美	巩固起点能力
三、学习新知	1. 因文辨声：三段音频中雨声不同，你认为哪一种雨是雨巷中的雨呢？四人小组合作，请找出诗歌当中的依据。 　　（学生自主完成并回答）	这个阶段是教学的重点时段

续上表

教学事件	教学活动及策略	评析
	细雨特征——有朦胧迷离之美，愁怨也更为突出。 与细雨特征吻合的意象有： 雨巷 篱墙 油纸伞 丁香 2. 学生发言，明确意象，归纳意象特征。 （1）雨巷。 雨：潮湿、阴冷、迷茫 巷：阴暗、狭窄、悠长 幽深、寂静的小巷，再加上蒙蒙细雨，更有朦胧美。 突出阴冷、凄清、寂寥的环境特征颜色，带有古朴的韵味。 （2）篱笆墙。 颓圮的，特征是破败、凄凉。 与雨巷结合，营造出幽深寂静、凄美朦胧的氛围。 （3）油纸伞。 特征是复古、怀旧、神秘、迷蒙。 与雨巷结合，营造了一种冷漠、凄清、孤独的氛围。 （4）丁香花。 丁香花常见有白色、紫色两种，开在暮春时节，易凋谢。 纤小文弱，清新幽雅，往往是高洁、美丽、忧愁的象征 3. 为什么诗人与姑娘擦身而过，却终究无法结识？ （1）试分析姑娘与"我"的特点。 ①姑娘特点： 丁香一样的颜色、芬芳。 忧愁、冷漠、凄清、惆怅、凄婉迷茫。 梦幻般； 稍纵即逝。 ②"我"：独自、彷徨、希望、默默、彳亍、冷漠、凄清、惆怅 特点：孤独、迷茫、忧愁、有追求	

教学事件	教学活动及策略	评析
	（2）回味开始时对诗的理解。这样，学生对这首诗很可能就有了前后不同的两种或多种感受。 丁香姑娘——人生理想 丁香姑娘的美丽高洁——理想的美好 丁香姑娘的哀怨彷徨——理想难以实现 丁香姑娘的飘然离去——理想的幻灭 象征手法的运用	
四、归纳、总结	人生处处有"雨巷"，诗人在黑暗孤独中从未放弃对"丁香姑娘"——美好理想的向往。从此，丁香姑娘就永远定格在文学长廊中，成为无数人美丽的梦	师生共同归纳出学习的规则
五、变式练习	试将丁香姑娘换成玫瑰姑娘或牡丹姑娘对比分析，领略象征手法的妙用	运用规则策略性知识
六、作业检测	请同学们用丁香姑娘的身份，仿照《雨巷》中意象使用和象征的方法，写成一段文字或一首小诗送给戴望舒	检测、反馈

附板书设计：

雨巷　篱墙　油纸伞　丁香——朦胧迷离

我 —— 丁香姑娘 —— 我
（彷徨求索）——（人生理想）——（向往追求）

5. 课例五:《登高》与《旅夜书怀》的比较阅读

"《登高》与《旅夜书怀》的比较阅读"教学设计见表 3-12。

表 3-12　"《登高》与《旅夜书怀》的比较阅读"教学设计

课题:　《登高》与《旅夜书怀》的比较阅读

设计与执教:广东实验中学　莫莉　学生年级:高二

学习目标:

　　1. 了解格律诗的基本骨架——起承转合。

　　2. 挖掘和把握诗歌的意象,培养学生的联想、想象能力。

　　3. 学习诗人忧国忧民的博大胸襟和勇于担当的责任意识。

学习结果类型与学习条件分析:属于高级技能(理解内容、表达技巧)、语文综合能力学习。

　　所需要的条件是:

　　1. 反复诵读品味。

　　2. 解析意象,知人论世。

　　3. 感受体悟景中之情,体会中国古典诗歌之美。

起点能力:

　　1. 对杜甫生平和诗风已有了解。

　　2. 从杜甫以往的作品中能感受诗人深沉的苦痛与忧思,能理解杜甫积极入世的精神内涵。

学生能力结构分析:

终点目标

领悟"悲"的内涵,鉴赏诗中悲自然之秋、人生之秋、国家之秋的巧妙结合

了解诗歌情景交融、气象宏伟的艺术特点

探讨景与情的关系

对杜甫生平和诗风已有了解

起点能力

课堂教学过程：

课时： 第一课时

教学事件	教学活动及策略	评析
一、激发学习动机	《登高》被誉为"杜集七言律诗第一""古今律诗之冠"。大家觉得写律诗难不难？写出古今律诗之冠应该就是难上加难了。但是《红楼梦》中黛玉对写诗的看法是："什么难事，也值得去学！不过是起承转合，当中承转是两副对子，平声对仄声，虚的对实的，实的对虚的，若是果有了奇句，连平仄虚实不对都使得的。"看来解决了起承转合，诗也不难作。这"古今律诗之冠"究竟妙在何处呢？今天就让我们走近杜甫的《登高》，用比较阅读的方式来感受它流传千古的魅力	补充一些有趣材料，激发学生兴趣
二、回忆已知	1. 回顾朗读三原则：读准字音，读准断句，读出感情。 2. 展示结构断句。 风急/天高/猿/啸哀，渚清/沙白/鸟/飞回。 无边/落木/萧萧/下，不尽/长江/滚滚/来。 万里/悲秋/常/作客，百年/多病/独/登台。 艰难/苦恨/繁/霜鬓，潦倒/新停/浊/酒杯。 3. 学生根据断句提示进行朗读练习，自读、学生范读、齐读	巩固起点能力
三、学习新知	（一）合作探究 1. 比较这两首诗，说说它们的相似点。 形式上，都是律诗； 内容上，先景后情。 题目都点明了写作环境。 2. 在这两首诗中，写景部分有何不同？ （1）共写了几种景物？ （2）景物给人以什么样的感觉？ 3. 简析诗歌首联包含的意象，构成的意境。 意象： 风　天　猿　渚　沙　鸟 对应特征： 急　高　哀　清　白　回	这个阶段是教学的重点时段

续上表

教学事件	教学活动及策略	评析
	迅疾的秋风、高远的天空、哀鸣的猿啼、孤零冷落的小岛、水落而出的白沙、低飞盘旋的水鸟，指明了节序和环境，渲染了浓郁的秋意，风物具有鲜明的夔州地区特征。捕捉典型景物入诗，不但形象鲜明，使人读了如临其境，而且所展示的境界，萧瑟凄凉。 起句要吸引眼球，明代谢榛《四溟诗话》云："凡起者当如爆竹，骤响易彻"。说白了，起，就是把想要说的事情，想办法来一个好的开头，用这个话头，来引出下面想说的话来。 4. 颔联包含的意象特征。 空间：从上到下—落木；由远到近—长江。 时间：不可逆转。 情感：悲（感伤生命短暂，壮志难酬）。 承，承接，就是承接开头的话题，自然地按着顺序往下说。其主要作用是将起句提出的话题进一步深化。 5. 宋代学者罗大经评论颈联十四字含八处悲愁，试赏析。 作客，古今义不同，漂泊他乡，流浪他乡。 常：久也，流浪他乡的时间之久。 悲秋：典型意象。悲秋是我国古代文学的一个传统题材。宋玉《九辩》："悲哉秋之为气也，萧瑟兮草木摇落而变衰。"秋天万物凋零的衰败景象，容易使感情细腻的文人感到伤感惆怅，同时借以表达愁思乱绪的季节。如我们前面学的《秋兴八首》其一。时令上突显悲哀之重。 万里：空间上距离路途之远，具体指离家，渲染愁苦之深。 登台：九九重阳节的一种习俗。全家人不仅一起登高，还饮菊花酒，为祈求避邪除灾。 独：孤身一人，此佳节本应全家人在一起，而此时形单影只，万分悲凉。 多病：感叹体弱多病，精神疲惫不堪。	

教学事件	教学活动及策略	评析
	百年：老年，过了建功立业的黄金年龄，迟暮之年。本应儿孙绕膝，共享天伦，如今老病交加、形单影只，一事无成，悲不胜悲啊！凡此种种，把"登高"之悲情抒发得淋漓尽致。 　　小结"悲"的八层意思：万里，地之远也；秋，时之惨也；作客，羁旅也；常作客，久旅也；百年，暮齿也；多病，衰疾也；台，高迥处也；独登台，无亲朋也。这是作者的暮年之悲。 　　转，转折，在第三联，又称颈联。我们知道起承二句写景，是为后面的情做铺垫，也就说到转联，要转情了。 　　6. 本诗的悲仅指个人的悲惨遭遇吗？ 　　从颈联自然过渡到尾联。 　　艰难：强调国家和自身命运的纠结，明确悲不仅指个人艰难，还有国家艰难。情感扩大，不仅有对自身命运不堪的感伤，而且对国家命运感到担忧。——杜甫想为国家出力，平定战乱，但由于年老多病而无法实现。忧从中来，不可断绝，何以解忧，惟有杜康。 　　尾联：生活困苦衰颓，借酒解愁，暂时忘记，却因病不能酒。只得直面惨淡，独自舔舐伤口悲痛。结，结束，又称合句。在绝句中为第四句，律诗中则为第四联。结句之意，即是将前面三句或三联，作一总结以收笔。古人云："合处要风回气聚，渊永含蓄，如剡溪之棹，自去自回，且须言有尽而意无穷"，指的就是结句要做到言尽意不尽，要把作者引到句号之后无穷无尽的回味。合句要回主题，是全篇境界的统领，应该警策有力或是妙语寄奇情。或开一步，或放一句，以言尽而意无穷为上佳。 　　总结全诗的悲：景，己，国——情景交融。 　　(二) 比较鉴赏 　　1.《旅夜书怀》首联共写了几种景物？ 　　首联意象：细草　　舟 　　对应特征：飘摇　　孤独 　　起 　　2. 颔联意象：平野　　大江　　　　星月 　　　　对应特征：辽阔　浩浩荡荡　　灿烂	

续上表

教学事件	教学活动及策略	评析
	承 3. 颈联转情：怀才不遇。 4. 尾联总结：孤独之情。 （三）知人论世 诵其诗，读其书，不知其人可乎？那肯定是不行的。让我们一起看《登高》写作背景。 唐代宗大历二年（767）重阳节，杜甫55岁，身在夔州，登高临眺，写下此诗。因严武病逝，杜甫失去依靠，结束了安稳生活，离开成都顺流东下，因病魔缠身而滞留夔州。此时安史之乱已经过去四年，但又有了藩镇割据，国家仍然动荡不安！三年之后，杜甫病逝，《登高》成为他晚期最重要的代表作。 在了解写作背景后再次朗读诗歌	
四、归纳、总结	1. 从写景来看，《登高》当中的景物的数量是多的，诗人从动态的大景入手，呈现一种满的状态；而《旅夜抒怀》当中的景物数量很少，从静态的小景入手，呈现出一种空的状态。（加入板书） 2. 从景物的色彩呈现来看，《登高》的景物色彩是丰富的，而《旅夜书怀》的色彩较为单一。 3. 从时空来看，《登高》涉及的时间和空间也是丰富的；而《旅夜书怀》空间感较强，呈现出疏朗的特点。 4. 从情感来看，《登高》的情感也更丰富、更有层次，而《旅夜书怀》的情感较为集中。 综上所述，《登高》之所以被称为"古今律诗之首"，正是因为这样一种"满"的状态，体现了作者情感的丰富性和层次性。 总结比较阅读的方法：形式、技巧、形象、情感	师生共同归纳出学习的规则
五、变式练习	讲练结合，学生利用形式、技巧、形象、情感的比较阅读方法对比阅读《登高》和《登岳阳楼》	运用规则策略性知识
六、作业检测	请选择校园一景，按照律诗起承转合的章法，写一首小诗	检测、反馈

第四节　科学取向的"导教"策略研究与课例——小说

语文核心素养的提出，是解决当下语文教育问题的宏观指导，而立足于文体特征的科学"导教"则是微观上落实语文核心素养的有效途径。

人民教育家于漪曾经就在她的著作中写道："无论是遣词、造句、布局、谋篇，无论是记事、写人、状物、说理，都须臾离不开积极的思维"。因此，小说的科学"导教"设计就必须充分考虑学生思维的发展。

一、科学取向的"导教"策略研究——小说

根据目前"以学生为主体，以教师为引导"的教学共识，教师教学的过程实际是向学生传授知识、方法的过程，同时也是学生习得知识、方法的过程。因此，教师对文本的解读往往影响学生对文本的解读。教师对文本的解读存在着什么问题呢？孙绍振用直观的例子来说明这个问题：他曾批评过某地高考题，题目是"指出不恰当的一项"，正确答案是"'金黄的稻束站在割过的秋天的田里'，涉及的时间，从全诗看，除了'秋天'外，还隐指暮色降临以前。"孙绍振批评道："确定时间根本没有意义，暴露出命题者在诗歌理念上的外行：抒情诗与散文不同之处，就是它是高度概括的，超越具体时间的确定性。"[1]孙教授这里提到的"抒情诗与散文不同之处"就是从"文体特征"来考虑问题的。华东师大的王荣生教授说："不那么好的阅读教学，其原因往往是不顾文体体式，采用了莫名其妙的解读方式。"[2]

1. 立足文体特征的核心教学环节的设计

我认为"呈现精心组织的新材料"是最为关键的一步，我在本书中把它称为"核心教学环节"。为兼顾可操作性和绩效性，我把核心教学环节分为两个步骤——核心教学内容的确立、核心教学内容的推进。

（1）核心教学内容的确立。

根据小说的文体特征（要素）寻找教学内容的最佳切入点，即确立核心教学内容。传统小说着重三要素——人物、情节、环境。当然并不是每篇小说都具备这三要素，或者准确地说，并不是每篇小说都把三要素作为

---

[1] 孙绍振. 直谏中学语文教学 [M]. 广州：南方日报出版社，2003.

[2] 王荣生. 阅读教学设计的要诀：王荣生给语文老师的建议 [M]. 北京：中国轻工业出版社，2017.

重点，平均用力。像《孔乙己》《塾师老汪》就要把"人物"作为最佳切入点，《项链》《祝福》就要把"情节"作为最佳切入点。

现代小说稍显复杂，意识流小说着重于意识思维的跳跃，核心教学内容自然是"意识思维"，像《墙上的斑点》《追忆似水年华》这类作品；荒诞派小说着眼于虚构、夸张、变形手法，核心教学内容就应是"虚构、夸张、变形"，文章代表有《变形记》《骑桶者》；诗化小说着眼于语言情感、意境营造，核心教学内容就应是"语言、意境、情感"，作品有《荷花淀》《边城》《哦，香雪》等。

（2）核心教学内容的推进。

核心教学内容确立以后，我们就已经基本上确定了教学目标。但是科学"导教"的魅力恰恰不只是在教师的"教"上，"如果仅仅把教学过程看成六步三阶段，则新的教学过程模型同传统教学过程模型差别不大。但实际上，新的教学过程模型与传统教学过程模型有明显区别：传统教学过程模型着眼于教师的行为，新的教学过程模型着眼于师生双向活动。"[①]我们要把"教的活动"转化为"学的活动"，把"教学目标"转化为科学"导教"中的"学习目标"。下面就传统小说与现代小说两大类型分别论述。

①传统小说核心教学内容的推进。

传统小说核心教学内容的展开就是对"文体特征（要素）"进行细化切分的过程，同时也是引导学生对"文体特征（要素）"进行细化切分的过程，即完成了"教的目标"向"学的目标"的转化。譬如，课例中《桥边的老人》教学的核心内容为"人物"，缩小范围为"人物语言"，再缩小范围为"人物对话"，我把"人物对话"又分为"对话的主题""对话的节奏"两个部分来施教。据此，"学习目标"制定为：通过分析"对话主题"不对称性，"对话节奏"差异性来解读文本。又如高考小说《塾师老汪》，教学的核心内容同样为"人物"，但把"人物对话"作为核心教学内容就未必妥当，我的做法是把"人物"切分为"主要人物"和"次要人物"，然后在"人物关系"上对文本进行解读，相应的"学习目标"就是"通过分析人物关系解读文本"。也可以把"人物"分为"圆形人物"与"扁平人物"，当然"人物"还可以缩小为"人称叙述"，"人称叙述"又可以分为"第一

---

① 皮连生．学与教的心理学 [M]．上海：华东师范大学出版社，2009．注：这里的"传统教学过程模型"指的是"组织上课—检查复习—讲授新教材—巩固新教材—布置课外作业"。

人称""第三人称"。如果核心教学内容确立为"情节",可以按照"开端、发展、高潮、结局"来进行,也就是"矛盾的触发、矛盾的产生、矛盾的升级、矛盾的解决"过程;也可缩小为"线索",然后按照"明线、暗线"来解读;还可以按照"顺向、逆向"来解读,"顺向"就涉及"暗示、伏笔、铺垫","逆向"就涉及"悬念、突转"。人物教学设计主要是让学生感知立体的人物形象,培养的是学生的形象思维,同时"圆形人物"突出人物的复杂性,培养的是学生的辩证思维,学会辩证地看待人物。人称叙述、情节教学需要理清叙述的层次关系和事件的因果关系,培养的是学生的逻辑思维。

②现代小说核心教学内容的推进。

现代小说核心教学内容的推进有别于传统小说。现代小说核心教学内容的推进就是引导学生把"最佳切入点"细化切分为"情节、人物、环境"的过程。譬如课例中的《骑桶者》是典型的荒诞派小说,根据上文的论述,教学最佳切入点应为"虚构",接着我把"虚构"切分为"情节的虚构"和"人物的虚构",试图在"情节的不合理"和"人物的不可靠"之中寻找合理之处,从而引导学生解读文本。又如诗化小说《荷花淀》的最佳切入点应为"诗化",接着我把"诗化"切分为"环境诗意化""人物写意化""情节片段化"(钱钟书《管锥编》有言:"诗之道情事,不贵详尽,皆须留有余地,耐人玩味……"①)意识流小说的最佳切入点为"思维意识",又可以切分为"人物的自由联想"和"情节的无序",通过把握"人物心理活动"把握小说的主旨,通过"时空的混乱"把握作者对外部世界的理解。荒诞派小说在荒诞中寻找真实,培养的是学生的逻辑思维,可以让学生的思维更深入。诗化小说采用诗歌的方式创作小说,培养的是学生的形象思维。意识流小说靠意识的流动串联全篇,训练的是学生联想、想象的思维能力,培养的是学生的发散思维。

2. 结语

为了使科学"导教"结构模型能更好地为语文课堂服务,本节从小说文体特征(要素)出发,在第二章第四节"表2-6语文教学设计模板"的基础上,对"呈现精心组织的新材料"这个环节进一步完善,以期增强课堂教学的可操作性和有效性。

---

① 钱钟书. 管锥编 [M]. 上海:生活·读书·新知三联书店, 2001.

二、科学取向的"导教"课例——小说

1. 课例一:《骑桶者》

《骑桶者》教学设计见表 3-13。

表 3-13　《骑桶者》教学设计

课题：　骑桶者

设计与执教：广东实验中学　沙 晶　学生年级：高中二年级

学习目标：

　　通过分析人物语言（对话）、心理和故事情节理解 "虚构"的小说。

学习结果类型与学习条件分析：属于语文高级技能的学习（智慧技能、认知策略）。

　　所需要的条件是：

　　1. 学生掌握了小说的基本知识和技能，具有进一步学习的动机。

　　2. 能够梳理故事情节。

　　3. 掌握人物分析的方法。

起点能力：

　　1. 按照线索来梳理故事情节。

　　2. 运用语言（对话）和心理分析人物。

学生能力结构分析：

终点目标

通过分析人物语言（对话）、心理和故事情节理解 "虚构"的小说

运用语言（对话）和心理分析人物

按照线索来梳理故事情节

起点能力

续上表

课堂教学过程：

课时： 第一课时

教学事件	教学活动及策略	评析
一、激发学习动机	课堂导入 　说到飞行，人类永远充满想象。飞行工具各式各样，我能想到的就有阿拉丁的飞毯，哈利·波特的扫帚，更夸张的是孙悟空的筋斗云，一个筋斗就是十万八千里。而卡夫卡让他的主人公骑上了煤桶，到底会发生怎样不可思议的事情？让我们一起走进作品，感受虚构世界的魅力。 　说明与反思：通过神话故事导入，唤起学生童年的美好回忆，调动学生兴趣	补充一些有趣材料，激发学生兴趣
二、回忆已知	梳理情节 　PPT投影：请以"煤"为线索，概括文章内容。 　备考答案：天气异常寒冷，骑桶者的煤烧完了，因此向煤店老板借煤，最后没借到煤，消失了 　师追问：表达了什么主题？ 　备考答案：人情冷漠、自私自利 　说明与反思：作为高二的学生已经能按照线索对情节进行概述	巩固起点能力
三、学习新知	质疑探究　感受虚构魅力 　师：这样就算读完了？都懂了？没有疑惑了？ 　1. 寻找不合理（从人物、情节角度）。 　PPT投影：文章有哪些不合常理之处？如何理解？ 　备考答案： 　问题1：为什么是骑着煤桶去借煤？我骑着煤桶为什么能飞？ 　问题2："我"明明想着用"装乞丐"的方式去借煤，为什么最后骑着煤桶去借煤？骑着煤桶这一行为与乞丐身份并不相符。 　问题3：文章开头想着借煤的情景时，"我"预计的是与煤店老板的矛盾，后面为什么变成了"我"与煤店老板娘的矛盾？	这个阶段是教学的重点时段

127

第三章　不同文体的「导教」策略研究与课例

续上表

教学事件	教学活动及策略	评析
	问题4：文章说"我升到二层楼那么高"，而且是冲老板娘"喊着"，距离不远，声音不小，为什么老板娘说什么也没有看到，什么也没有听到？ 问题5：老板娘对老板说给所有的顾客供应了煤，作为老主顾的"我"，为什么没有？ 问题6：为什么老板娘用围裙就能把骑着煤桶的"我"扇走？ 教师对问题进行归类：问题1、3、6属于对故事情节的疑惑，问题2、3属于对人物心理描写的疑惑，问题4、5属于对人物语言（对话）的疑惑。即情节的不合理、人物心理的不合理、人物语言（对话）的不合理。 2. 解读不合理（以文本为依据）。 【分析】 师：骑着煤桶去借煤这一情节看似不合常理，在这不合常理的行为当中有没有合理之处呢？请齐读1、2段，看看文本有什么根据？ 备考答案：空桶表明"我"一粒煤渣都没有，物质极度匮乏。能飞说明煤桶很轻，骑着煤桶的"我"就更轻，轻到像气球，像云，像微尘；飞的速度较快——我必须快马加鞭，得到煤的愿望很强烈，因为涉及"我"的生死。 师引导：小说中的"我"是哪类人物的代表？表现他们怎样的人生？ 备考答案：生活在底层的人，微不足道的、无足轻重的。 师：刚才我们分析了"飞行"的原因和条件，那么"飞行"的结果会怎样？这里涉及问题6。 备考答案：暗示了后文老板娘可能听不见、看不见，也暗示了"我"和煤桶被小小的围裙就扇走了的悲惨结局，再一次印证了底层人民的渺小。 师：问题2、3的解决必须以问题4为跳板，我说她当然看到了我，老板娘说什么也没看到，请同学们分组讨论，到底谁在说谎？	

教学事件	教学活动及策略	评析
	备考答案：我在说谎。依据①"我"知道想让煤店的人听见"我"的请求必须是喊着才能听见，那么反过来，煤店里的人一般的说话声为什么"我"会听见？②文中说教堂的钟声使人容易产生错觉。③"我"的喊声是沉浊的。 师：当发现这个骑桶者不可靠的时候，我们不仅怀疑他说的话，也怀疑他的行为——到底有没有去借煤？请结合问题2、3回答。 备考答案：2、3属于人物的心理描写、思想活动，这个骑桶者的思维是混乱的，没有头绪的，有理由相信这就是骑桶者的梦。既然是梦境假想的，所有的顾客有煤，就他没有，也变得合情合理了。 师：我们说梦境就是对现实的折射，那么我和老板娘不能对话的这一梦境折射着怎样的现实呢？ 备考答案：人与人的一种疏离的状态，永远存在着看不见的鸿沟和误解。 师：梦境不仅折射现实，而且超越现实。我们在现实中无法实现的事情，往往在梦中可以实现，譬如思乡的游子在梦中与家人团圆，志向不得伸的英雄在梦中建功立业，可是骑桶者借煤的愿望在梦境中仍然落了空，这无疑加剧了人生的悲剧性。在这一点上卡夫卡完成了对古人的超越。 说明与反思：此环节主要培养学生学会质疑的思维品质，并在因果的追问中培养学生的逻辑思维	
四、归纳、总结	想要读懂一篇"虚构"的小说，必须在小说文体要素的基础上，于不合常理之处找到合理之点——虚中找实	这里是阅读策略知识的学习，不能保证学生一次学习成功，需要反复巩固练习
五、变式练习	PPT投影：请以"拎桶者"为题改写小说。 说明与反思：这里指导学生通过类比的方式思考问题，进一步体会写实与虚构的区别	运用规则策略性知识
六、作业检测	用堂上学到的方法解读博尔赫斯的小说《沙之书》	检测、反馈

2. 课例二:《桥边的老人》

《桥边的老人》教学设计见表 3-14。

表 3-14　《桥边的老人》教学设计

课题：　桥边的老人

设计与执教：广东实验中学　沙晶　学生年级：高中二年级

学习目标：

1. 能理解圆形人物相较于扁平人物对于表现主题的作用。

2. 能通过对话（语言）分析人物形象，进而解读小说的主题。

学习结果类型与学习条件分析：属于语文高级技能的学习（智慧技能、认知策略）。

　所需要的条件是：

1. 学生在已有小说学习基础上，具有进一步深入学习的动机。

2. 掌握圆形人物的概念。

3. 掌握人物分析的方法。

起点能力：

1. 掌握扁平人物、圆形人物的概念。

2. 运用直接描写（语言、对话）分析人物。

学生能力结构分析：

终点目标

⇧

通过对话（语言）分析人物形象解读小说的主题。

⇧

运用语言描写（对话）分析人物。

⇧

掌握扁平人物、圆形人物的概念。

⇧

起点能力

	课堂教学过程：	
	课时： 第一课时	
教学事件	教学活动及策略	评析
一、激发学习动机	课堂导入 　今天我们学习的课文是《桥边的老人》，作者是美国作家海明威。他的名篇《老人与海》里有一句很有名的话，大家有印象吗？ 　（一个人可以被毁灭，但不能被打败。） 　在这部作品中老人桑提亚哥是硬汉形象的代表。我们看看今天学习的课文，海明威又塑造了一个怎样的老人形象。 　说明与反思：调动学生的积累知识，激发学生兴趣	补充一些有趣材料，激发学生兴趣
二、回忆已知	小说中除了老人之外，还有一个主要人物是谁？对两个人物的塑造运用了哪些方法？主要运用了什么方法？ 　备考答案："我"。运用了外貌描写、动作描写、语言描写（对话）。主要运用了语言描写（对话） 　说明与反思：检查预习情况	巩固起点能力
三、学习新知	分析人物语言（对话），领会文章主题 　1. 从对话的主题入手。 　说到"对话"这个概念，同学们都很熟悉，就是我们平常的聊天。那么聊天都包含哪些内容呢？ 　备考答案：学习、游戏、学校生活——对话的主题，即话题 　PPT 投影："我"和老人谈话的话题有哪些？ 　备考答案：家乡、战争、政治立场、动物 　我们跟别人聊天，必须有共同的话题，在同一个频道，才能让对话进行下去。 　PPT 投影："我"和老人问答内容是否完全一致呢？体现在哪些地方？为什么会出现不一致？ 　备考答案： 　【文本】 　"你从哪儿来？"我问他。 　"从圣卡洛斯来，"他说着，露出笑容。	这个阶段是教学的重点时段

第三章　不同文体的「导教」策略研究与课例

续上表

教学事件	教学活动及策略	评析
	"那时我在看管动物，"他对我解释。 【分析】 "我"并没有问他在圣卡洛斯干什么，老人却主动回答。可见，这是老人希望谈论的话题，也是他唯一关注的焦点。动物是老人生活的主要内容，已成为他生命的一部分。 【文本】 （"我"）问道，"什么动物？" "各种各样，"他摇着头说，"唉，只得把它们抛下了。" 【分析】老人并没有直接回答，却直接表达自己离开动物的无奈，由于战争的原因，老人不得已，不得已当中我们读出了老人的不舍、担忧、自责、伤心。 【文本】 "什么动物？"我又问道。 "一共三种，"他说，"两只山羊，一只猫，还有四对鸽子。" 【分析】似答非答。表面是对"我"问"什么动物"的回答，事实上老人突出了动物的种类和数量。对于一位没有亲人的孤独老人，动物是他垂暮之年的最好伴侣，自然这些动物就如同亲人一样。他能如数家珍，足见其对动物的珍惜。 【文本】 "你的政治态度怎样？"我问。 "政治跟我不相干，"他说，"我七十六岁了。我已经走了十二公里，我想我现在再也走不动了。" 【分析】"我"并没有问他的年龄及身体状况，可见"我"与老人关注的焦点并不一致，"我"在意的只是战争、政治立场，作为一个军人，"我"并不关注个体的安危，这种现象不得不引人深思。 【文本】 "那时我在照看动物，"他木然地说，可不再是对着我讲了，"我只是在照看动物。"	

教学事件	教学活动及策略	评析
	【分析】从开始的无问而答，答非所问，似答非答，到文章结尾的自言自语，老人的内心世界经历了封闭—敞开—再次封闭的恶性循环，战争给人带来的精神迷失可能才是本篇小说要传达的主题，我想这也是海明威成为"迷惘的一代"的代表作家的重要原因吧。 同学们，平时跟别人聊天，我们并不是像复读机一样，这说明对话还包含——语调语气、语速节奏。 2. 从对话的节奏入手。 由于小说并不像戏剧电影一样，可以通过演员直观地向我们传达人物话语的速度，他只能通过文字的形式来提醒读者，一种方法是在话语的旁边加上必要的副词（缓慢地），还有一种方法就是通过句子的长短来告诉我们说话人的语速。一般短句都比较简洁有力，速度稍快；长句低沉拖沓，语速较慢。 PPT 投影："我"与老人谁的话长一些，谁的话短一些？ 答案：老人的长一些，我的短一些。 PPT 投影：为什么老人的长一些，我的短一些？ 备考答案：老人说话长一些，语速慢一些，除了年龄大，主要是战争给他身体和精神带来的伤害。 "我"的话短一些、语速快一些要分前后两部分来看。起初语速快是因为"我"对老人的话题并不感兴趣，有点心不在焉。 【文本】 我凝视着浮桥，眺望充满非洲色彩的埃布罗河三角洲地区，寻思究竟要过多久才能看到敌人，同时一直倾听着，期待第一阵响声，……'什么动物？'我又问道。 【分析】"我"的兴趣显然在战争上，一系列行为让我们看到的是"我"对战争的期待。我们很难说文中的军人是真的同情老人，这在另外一处体现得更明显：	

第三章 不同文体的「导教」策略研究与课例

续上表

教学事件	教学活动及策略	评析
	【文本】 "没家，"老人说，"只有刚才讲过的那些动物。猫，当然不要紧。猫会照顾自己的，可是，另外几只东西怎么办呢？我简直不敢想。" "你的政治态度怎样？"我问。 【分析】后面语速快，看出"我"的焦急、对老人的担忧，看出我对他的同情和关心。 【文本】 "要是你歇够了，我得走了，"我催他。"站起来，走走看。" 总结：从开始对战争的期待，到最后对在战争中受到伤害的人的关心，"我"是不断变化的，我们知道这种多变的或性格复杂的人物叫"圆形人物"。 PPT 投影：为什么要写出"我"对战争态度的转变呢？（圆形人物对小说主题的意义） 备考答案："我"作为一个士兵，随着战争的进行，对战争有着越来越深刻的理解，不仅符合客观事实，而且可以深化小说"抨击战争，尊重生命"的主题。 说明与反思：培养学生分析问题的能力，并在因果的追问中培养学生的逻辑思维，运用的是归例法。	
四、归纳、总结	我们分析人物的语言（对话）就要从对话的主题、对话的速度、对话的腔调、对话的语态、话语的主动权等方面入手分析，深入人物内心，领悟小说主题	这里是阅读策略知识的学习，不能保证学生一次学习成功，需要反复巩固练习
五、变式练习	PPT 投影：请指出我们学过的小说主人公哪些是扁平人物？哪些是圆形人物？ 孔乙己（出自课文《孔乙己》）　（　　） 祥林嫂（出自课文《祝福》）　（　　） 林冲（出自课文《林教头风雪山神庙》） 　　　　　　　　　　　　　　（　　） 奥楚蔑洛夫（出自课文《变色龙》） 　　　　　　　　　　　　　　（　　） 说明与反思：这里培养学生运用概念进行判断的思维能力，属于智慧技能	运用规则策略性知识

教学事件	教学活动及策略	评析
六、作业检测	用本课学到的分析人物语言的方法解读高考小说《古渡头》	检测、反馈

3. 课例三：《封锁》

《封锁》教学设计见表 3-15。

表 3-15 《封锁》教学设计

课题： 封锁

设计与执教：广东实验中学 沙 晶 学生年级：高中二年级

学习目标：

能运用小说的文体知识解读小说的标题。

学习结果类型与学习条件分析：属于语文高级技能的学习（智慧技能、认知策略）。

所需要的条件是：

1. 学生具有进一步学习小说的动机。

2. 掌握小说的构成要素——人物、情节、场景。

3. 掌握人物分析的方法、情节分析的方法。

4. 能通过分析人物、分析情节、分析场景得出小说的主题。

起点能力：

1. 运用身份、动作、外貌、心理、语言分析人物。

2. 能用"何时、何人、何事、何地、何因"的方法对情节进行概述。

3. 掌握小说的构成要素。

学生能力结构分析：

终点目标

通过分析人物、分析情节、分析场景读懂小说的标题。

对情节进行概述，对人物进行分析。

掌握小说的构成要素。

续上表

起点能力

课堂教学过程：

课时：__第一课时__

教学事件	教学活动及策略	评析
一、激发学习动机	课堂导入 PPT投影张爱玲名言： 1．你问我爱你值不值得，其实你应该知道，爱就是不问值得不值得。 2．遇见他，她变得很低很低，一直低到尘埃里去，但她的心是欢喜的，从尘埃里开出花来。 3．但凡死缠烂打的人，大都不是真的深爱你，那只是跟自己赛跑。真正爱你的人，做不到死缠烂打，因为自尊不允许。爱就是把最好的一切给予对方，包括尊严。 4．结婚若是为了维持生计，那婚姻就是长期卖淫。 请同学们齐读这几句话，从这几句引人深思的爱情名句当中，你能读出它的创作者是怎样的一个人？ 备考答案：为了爱可以奋不顾身，爱得纯粹，超出物质世俗的羁绊，内心充满矛盾的人——为爱可以放下身段，但又强调爱的尊严。 这位创作者就是中国文学界的著名女作家张爱玲。张爱玲的作品同学们可能没看过，但是根据她的作品改编的电视电影我们同学应该看过，至少是听过，像《半生缘》《金锁记》，都出自张爱玲之手。今天我们来学习她的另外一个作品《封锁》，看看它表达了怎样的主题。 说明与反思：设置该环的节目的是让学生对张爱玲多一些感性认知，激发学生兴趣，也算是为后文理解文本的创作意图做个铺垫	补充一些有趣材料，激发学生兴趣
二、回忆已知	同学们，我们怎样读懂小说的主题呢？我们知道小说包含三要素：人物、情节、场景。那我们就要从这三要素出发解读标题。	巩固起点能力

教学事件	教学活动及策略	评析
	解读文题"封锁" PPT 投影：这篇小说主要讲述了一个什么故事？ 备考答案：吕宗桢与吴翠远的"爱情"故事；吕宗桢与吴翠远的调情故事。 教师过渡：两人之间的感情能叫爱情吗？他们的爱算真爱吗？ 备考答案：吕宗桢是为了躲避亲戚董培芝才恰巧坐在吴翠远的隔壁的——动机、初衷；封锁结束后迅速地回到原来的座位上——结局；在整个恋爱过程中，吕宗桢处于主动的一方，吴翠远处于被动的一方——关系。 说明与反思：作为高二的学生已经了解小说的基本知识，能按照"何时、何人、何事、何地、何因"的方法对情节进行概述	
三、学习新知	1. 从情节入手。 PPT 投影：小说主要写了"调情"这个故事，作者以"封锁"为题，有何用意呢？ 学生答案：（表层的）因为封锁，才给调情提供了时间和空间，对应文本：如果不碰到封锁，电车的进行是永远不会断的。封锁。摇铃了。"叮玲玲玲玲玲，"每一个"玲"字是冷冷的一小点，一点一点连成了一条虚线，切断了时间与空间。 教师答案：整个调情故事，可以看成男性对女性的封锁：男权社会男子的主体性，女子的附庸性。 这是封锁的第一层寓意。一场偶然的恋爱，一个无情的结局，粗看起来，这是一个不可思议的故事。 PPT 投影：你认为这个故事有发生的必然条件吗？ 2. 从人物入手。 备考答案： 吕宗桢：（身份、语言）作为会计师，工作状态是忙碌的，但是对工作一点也不感兴趣；作为孩子的父亲、家长、一个好人，	这个阶段是教学的重点时段

续上表

教学事件	教学活动及策略	评析
	承担整个家庭的责任，但是他不知道钱是为谁挣的，认为自己无家可归，对妻子不满意。 吴翠远：（身份、语言）作为英文助教，家里的好女儿，一面是学校里谁都瞧不起她，一面是家里对她失去了兴趣。 由此可见二人在事业和家庭方面都不如意。除此之外，还有其他方面的原因吗？譬如社会现实方面。 3．从场景入手。 文本：开电车的人开电车。在大太阳底下，电车轨道像两条光莹莹的，水里钻出来的曲蟮，抽长了，又缩短了；抽长了，又缩短了，就这么样往前移——柔滑的，老长老长的曲蟮，没有完，没有完……然而他并不发疯。 明确：言外之意，这样的情境让多数人会发疯，因为它的单调和冗长。 文本： 乞丐唱着："可怜啊可怜！一个人啊没钱！" 中年妇女絮叨丈夫："现在干洗是什么价钱？做一条裤子是什么价钱？" 明确：人们有生存的压力。 文本：列车里的人将医科学生修改人体骨骼图看成中国绘画。 生命像圣经，从希伯莱文译成希腊文，从希腊文译成拉丁文，从拉丁文译成英文，从英文译成国语，翠远读它的时候，国语又在她脑子里译成了上海话。那未免有点隔膜。 明确：人与人之间存在着隔膜。 总结，事业和生活不尽如人意，现实生活又如此糟糕，只会让人感觉到空虚，人的情感没有寄托之处，生命没有出口，因此才有了这场恋爱的可能。 PPT投影：从人物和环境入手，你觉得标题的"封锁"有什么含义？ 备考答案：现实对个体情感（真我）的封锁。 说明与反思：此环节主要运用的是归例法，培养学生通过概念进行判断分析的思维品质，并在因果的追问中培养学生的逻辑思维	

教学事件	教学活动及策略	评析
四、归纳、总结	想要读懂一篇小说的标题内涵，我们就要从小说的文体要素出发，细致地分析	这里是阅读策略知识的学习，不能保证学生一次学习成功，需要反复巩固练习
五、变式练习	PPT投影：下面是对高考小说《锄》分析的一段文字，请运用本节课的学习策略解读这篇小说，把下面的文字补充完整。 《锄》是李锐的短篇小说，小说描写了＿＿＿＿＿＿（注：不限于一句）的故事，从中我们可知题目"锄"的含义是＿＿＿＿＿，这是从＿＿＿＿角度来解读标题的。小说生动地塑造了勤劳又有些倔强的农民——六安爷，他常常挂在嘴边的一句话就是"＿＿＿＿＿"（注：请用原文回答）每次锄地，他都不慌不忙，把锄头稳稳地探进苗垅里去，从中我们读出题目"锄"的含义是＿＿＿＿＿，这是从＿＿＿＿角度来解读标题的。 参考答案：土地将要变成焦炭厂前，一个叫六安爷的农民在百亩园锄地的故事；锄地的行为，生活的方式；情节；我不是锄地，我是过瘾；农民对土地的眷恋不舍和那份勤劳、从容的人生态度及精神；人物 说明与反思：这里培养学生筛选概括的思维能力，指导学生通过分析类比的思维方式思考问题。使用的仍是归例法	运用规则策略性知识
六、作业检测	用课堂上学到的方法解读高考小说《血的故事》	检测、反馈

第三章 不同文体的「导教」策略研究与课例

第五节　科学取向的"导教"策略研究与课例——现代人物传记

有别于以往的课堂教学以传授知识为主，这一轮的新课改"新"在更强调学生思维的发展与提升。基于核心素养的课堂教学最重要的是让学生在语文学习实践过程中获得思维能力的发展和思维品质的提升。让学生在语文学习实践过程中获得思维能力的发展和思维品质的提升，符合新课改精神，也是过去以传授知识为主的课堂教学所忽略的。要想让学生的思维得以发展与提升，首先教师要有好的教学思维。本节立足于文体特征，阐述现代人物传记的教学思路，实施科学的"导教"策略，从而促进学生思维的发展。

一、科学取向的"导教"策略研究——现代人物传记

《四库全书总目》"史部"对"传记"的释义是"传记者，总名也。类而别之，则叙一人之始末者，传之属；叙一事之始末者，记之属。"[①]《中国大百科全书·中国文学卷》"传记文学"条对"传记"与"传记文学"解释为："记载人物经历的作品称传记，其中文学性较强的作品即是传记文学。"[②]中学语文实用类文本中的传记作品是指传记文学，包括自传、书信、日记、回忆录、人物随笔等。传记文学是艺术地再现真实人物生平及个性的一种文学样式。它紧扣真实性原则，以可视化的方法记述人物的生活经验、精神风貌和它的叙事风格、历史背景。传记文学是纪实性与文学性的统一，强调陈述的基本事实（传主的经历和主要事迹）的真实性，同时人物形象、语言都要有强烈的艺术感染力。传记文体的共性特征是真实性、文学性、概括性、形象性、启示性。传记的不同体式也有个性特征。接下来，笔者立足于文体特征来阐述现代人物传记的教学思路，实施科学的"导教"策略。

"四四九式，循序渐进"的中观"导教"策略，包含九个层次：①引起学生注意；②告知学生目标；③激起回忆先决条件；④呈现刺激材料；⑤提供学习指导；⑥引出行为表现；⑦提供反馈；⑧测量行为表现；⑨促进保持与迁移。其中，"呈现刺激材料——精心组织的新材料"，是教学思路中最

---

① 永瑢，等．四库全书总目 [M]．北京：中华书局，1965．

② 陈兰村．中国传记文学发展史 [M]．北京：语文出版社，1999．

重要的部分，落实在现代人物传记教学中，基本包括以下几个步骤：

1. 通读全文，概括人物事件

传记不同于小说，它写的是现实生活中存在的或曾经存在过的真实的人，围绕这个"真实的人"曾经发生过的真实的事。所以传记的生命在于真实，真实性是传记的第一特征。体会传记的真实性，首先就是要把握作品所陈述的与社会进程以及主人公个人成长相关的重要事实。因此阅读一篇传记，首先应该围绕传主的事迹来进行梳理，看看写了有关传主的哪些事迹，然后再进行概括归纳。在《黄侃先生二三事》课例中，教学重点时段的第一个环节就是通读文本，概括事件。节选部分有明显的标志性句子，如"黄侃不仅有革命之壮行，亦多名士之趣行""志士之狂、名士之狷，当然不是黄侃的全貌，他对学术的谨严与虔敬，恐怕才是他性情的根本"。于是教学时采用抓关键词、划分层次策略，着眼于概括分析文章的结构思路。学生快速阅读文本，边读边提取事件，了解黄侃经历，同时训练学生的筛选思维和逻辑思维能力，体会传记陈述传主经历过的重要事件、"尊重历史"的真实性特点。

2. 细读文本，把握传主形象

阅读传记，不仅可以了解传主的人生经历、主要成就，还能从中读到一个鲜明的人物形象，感受传主独特的人格魅力。经历、成就这些是外显的，而精神风貌则往往蕴含在人物的言行中。因此在梳理完事件经历后，要细读分析文本，把握传主的性格特点和精神风貌。《黄侃先生二三事》课例的第二个环节就是：小组讨论，你觉得黄侃先生是怎样的人？结合文本，谈谈理由。在《我读一本小书同时又读一本大书》课例中，"呈现精心组织的新材料"的第二环节"精读课文，把握细节中的性格和情感中的细节"就是采用个体阅读与小组合作交流的方式着重赏析文中精彩的细节描写，把握童年的沈从文好玩、热爱自然、不受拘束的性格。他自由随性、无所顾忌，懂得发现和欣赏身边的美，体会到生命的本真和快乐。

在把握人物形象时，要注意结合传记的文学性特征引导学生体会艺术笔法。传记在记录人物生平事迹时，会在保持真实性的前提下，适当地加工，将真实的材料用艺术的笔法表现出来，如通过波澜起伏的情节设计、形象生动的肢体动作、幽默大胆的话语等手法描绘传主事迹、塑造人物形象；如借助于想象、联想等手法对局部细节作适当的艺术处理；还可以运用首尾照应、多种修辞、正侧相映、对比突出等手法，丰富生动地描绘人物，凸显人物特性，增加作品的可读性与感染力。教师要引导学生感知各种生动形象的语言和文学形象，借助联想与想象，进行阅读与鉴赏。在《扼住命运的咽喉》课例中，把握传主形象教学环节，分成了第一步初识传主：相其貌，得其神——肖像描写，神隐其中（罗曼·罗兰对贝多芬的肖像可谓精雕细刻，其用意何在？请结合具体描写来分析。）第二步再识传主：观其行，得其神——人生经历，神显其中（节选文章写的是贝多芬哪个人生阶段的经历？具体写了贝多芬哪些重要的人生经历？表现了贝多芬怎样的精神特征？）第三步三识传主：听其言，得其神——一语写照，神传其中（全文最传神的是哪一句话？为什么？）通过目标置换、问题驱动来逐步把握传主形象，从而培养学生的形象思维能力。之后，再运用诵读策略，指导学生反复诵读，体会罗曼·罗兰引用贝多芬的独白细腻地展现人物内心的痛苦、彷徨和挣扎这一艺术手法。结合贝多芬的人生经历，体会他的内心世界，对贝多芬的精神有了更深一层的理解。学生对贝多芬的认识由形象感知到精神层面的理解，由表及里，从而培养学生思维品质上的深刻性。

3. 局部精读，体会选材特点

传记主要是表现人物的，要使人们对传主性格有全面深入的了解，就必须注重传主的生平经历的完整性和概括性。一些小传，由于受材料、篇幅的限制，不可能表现人物一生完整的经历事迹，但往往通过典型的事例，以小见大来表现人物性格。因此传记文学一般选材精当、高度概括，体现在选择那些代表性强、事迹典型、很有个性的人来写；对人物的事迹也要有选择，选择能够概括人物一生特点的事迹来写。而材料的选用又要突出作品所表现的人物形象特点和思想主题。因此，在梳理事件、把握形象之后，第三个教学环节可以引导学生体会传记选材上的典型性。《扼住命运的咽喉》课例，课文节选的是贝多芬从出生到 30 岁人生阶段的经历，具体写了童年、法国大革命时期、耳聋、失恋等重要的人生经历。其实，在贝多芬 30 年的人生中，还有许多重要事件，如访问莫扎特、师从海顿、为盲姑娘写《月光曲》等，但选文部分却没提及这些事件，而是围绕贝多芬思想感情发展变化的轨迹来选材。对于把握这一选材特点，可以首先采用品读赏析策略，引导学生赏读第 4、9、10、11、13、14 段，体会节选部分的人生经历对贝多芬的影响，然后采用探究策略就该传记的选材与组材艺术、结构文章的方法进行小组讨论，最后形成共识：这是一部"思想的传记"，作者目标不是细致地记录传主的人生履历，而是描绘他的灵魂成长轨迹，所以选取的都是侧重于表现传主思想感情发展变化的材料。学生在阅读与鉴赏、表达与交流、梳理与探究等活动中，从赏析具体段落到总结选材特点，认识从感性的具体到抽象的规律，思维品质在透过现象看本质的训练中得以深刻化。

4. 比较阅读，挖掘文体特点

根据不同的分类标准，传记可以分为不同的类别。如从叙述人称看，传记可分为自传和他传；根据篇幅的长短，传记可分为大传和小传；从创作方法看，传记可分为史学性传记和文学性传记。从表达方式看，一般的传记以记叙为主，还有一类传记则记叙与评论各半，叫评传。明确传记类别，了解不同类别传记具有的不同特点。可以在比较阅读中结合文本加以辨别分析，这样既能在大的类别上区分文体特点，也可挖掘同类别下不同文本的具体特点。例如一篇优秀的评传，除了在把握人物的精神的基础上，恰当选材加以叙述之外，作者对人物的评议也很重要。《扼住命运的咽喉》是一篇评传，在人物传记中夹杂着作者的评述，带有文学评论色彩。罗曼·罗兰对贝多芬在耳聋的愁苦下所作作品进行评议、对贝多芬的爱情观表明了他的褒贬立场，体现了对贝多芬深刻的理解、深沉的思考和独到的诠释，饱含着他对贝多芬的深沉的感情。罗曼·罗兰没有拘泥于一般传记的俗套和冷漠，而是在传中注入了浓厚的主观色彩，字句间充满了自己对贝多芬的强烈感情。他以贝多芬的好朋友、知音、当事者的身份来叙述。作者对传主的评说议论与抒情紧密结合。全文笼罩着浓郁的情感和深沉的哲思。在教学《扼住命运的咽喉》时，可与《黄侃先生二三事》进行比较阅读，注意它与以叙述为主的人物小传的区别，从而明确评传"传中有评，评中有传，评传结合"的文体特征。而同为评传，与《扼住命运的咽喉》又不同，作为非虚构作品，普通传记注重写实，而《天地苍茫一根骨》采取了文学化的手段，以史实为依据进行了合理的想象与再造，内容具体生动，人物血肉丰满，形象可感，增强了感染力，且又真实可信。作为评传，作品将史述与评论紧密结合，在叙述时经常给出画龙点睛的评论，把作者本人的情感与评价自然地融入作品中，升华了叙述内容，寄寓了作者情感，突出了传记的意义与价值。在教学《天地苍茫一根骨》时，可与《扼住命运的咽喉》进行比较阅读，注意前者以史实为依据进行合理的想象与再造的文学化特点，注意后者以贝多芬的好朋友、知音、当事者的身份来写传，评说议论与抒情紧密结合、浓郁的情感和深沉的哲思笼罩其中的文体特点。

5. 探究阅读，获得人生启示

教学现代人物传记，要指导学生了解传主的人生轨迹和内心感情世界，丰富自己的人生体验，获得有益的启示。其实，其他的文学样式，如诗歌、小说、散文等也具有启示性。不同的是，传记的启示性更直接、更强烈。传记是以真实人物的生活经历去启示人，或树立榜样，或现身说法，以人去感染人、启迪人，更真切，更有说服力。读者在了解传主的人生经历的基础上反思自我的生存状态，思考"我该怎样生活"，获得精神启迪。因此，教学传记更深层的目标是引导学生"客观辩证地评价传主的功过得失，并以优秀人物为榜样，砥砺志向，健全人格，规划人生，形成健康美好的情感和人生观、价值观"。[①] 为此，需要运用探究策略，可围绕问题多元探究，可纵横联系对比探究，亦可迁移深化拓展探究，培养学生感受并理解现实生活和文学形象、有自己的情感体验和个性化认识的思维能力，培养学生思维品质的批判性和独创性。三个课例均在教学的最后环节设置问题进行探究，体会传记思想上的启示性特征。《黄侃先生二三事》课例采用围绕问题多元探究法，思考"现代人怎么表现个性？怎样看待他们个性表现的方式？"，学生结合对黄侃个性的理解，客观评价和深刻反思现代人的个性，批判性思维品质在这一教学环节中得以训练。《扼住命运的咽喉》课例采用纵横联系对比探究法，引导学生结合自身经历或见闻谈贝多芬的经历给我们的人生启迪。《我读一本小书同时又读一本大书》课例采用迁移深化拓展探究法，以小组为单位开展研究性学习，更全面更深入地认识沈从文，探讨童年逃学生活对沈从文的性格、感情、今后的创作产生的影响。此环节鼓励学生主动研究，拓宽视野，并有条理地表达自己的观点，在交流碰撞中促进创造性思维的发展。

本节论述的现代人物传记教学的五个基本步骤，是立足传记的文体特征来设计的，是语文核心素养背景下的科学"导教"策略研究与实践之一。在"九层"的基础上，对"呈现刺激材料——精心组织的新材料"这个环节进一步细化、完善。从通读梳理事件，到细读把握形象，再到思考材料的选用与突出人物形象特点和思想主题的关系，教学思路的逻辑性强；由把握人物形象到挖掘性格意义，探究思想启示，由表及里，由浅入深，体现教学思维的深刻性。教师培养良好的教学思维，学生思维的深刻性、批判性、独创性也会得到一定的训练。笔者将在今后的教学实践中不断探索导教模式，希望

---

① 孔翠哲. 高中传记文学作品的教学研究 [D]. 石家庄：河北师范大学，2014.

培养学生的语文形象思维，并能促进学生创造性思维能力的发展。

二、科学取向的"导教"课例——现代人物传记

1. 课例一:《黄侃先生二三事》

《黄侃先生二三事》教学设计见表 3-16。

表 3-16 《黄侃先生二三事》教学设计

课题： <u>黄侃先生二三事</u>

设计与执教：广东实验中学 杨芳 学生年级：高一

学习目标：

1. 了解传记的基本知识，体会传记的文体特征。

2. 掌握传记阅读的基本方法，深入文本，师生互动，合作探究，共同解读作品。

3. 进一步认识传记反映出的人生价值和时代精神。

学习结果类型与学习条件分析：属于高级技能学习。

所需要的条件是：

1. 学生掌握了传记的基本知识和技能，具有进一步学习的动机。

2. 多媒体演示设备。

3. 介绍国学大师黄侃的资料。

起点能力：

1. 学生的阅读基础较好，以前读过一些人物传记。

2. 学习了粤教版必修 1 第二单元的部分课文，如《"布衣总统"孙中山（节选）》，具备一定的传记阅读能力。

学生能力结构分析：

终点目标

挖掘人物性格的意义，探究人物个性与时代社会的关系。

分析事件中人的行动和语言，把握人物的精神风貌，在学习的过程中体会传记的真实性和文学性。

续上表

通读文本，概括事件，梳理文章思路。

初步了解传记这一文体

起点能力

课堂教学过程：

课时： 第一课时

教学事件	教学活动及策略	评析
一、激发学习动机	法国作家罗曼·罗兰说："把人当作书读"。这本书是人用行为、情感、思想、性格写就的有血有肉的大书。而这部大书就是传记（板书"传记"）。读传记我们可以了解传主的人生经历、精神风貌；了解时代的风云变化，时代对人物的影响；汲取传记的精神养分，加深对自己的认识。其实，这也就是我们学习传记的目标。 说明与反思：由名人名言引入，并指出传记学习的目标，激发学生兴趣	补充一些有趣材料，激发学生兴趣
二、回忆已知	课前，我印发了单元知识小短文《放言述说平生事》，找同学说说什么是传记？你读过(学过)哪些传记？读后你有什么收获？（学生自由谈）那么接下来，我们就一起走近国学大师黄侃，了解黄侃其人与他的二三事。（拿出印发的小片纸） 说明与反思：此环节回忆旧知。回顾是巩固，也是对学习的一种唤醒和对目标的进一步明确	巩固起点能力
三、学习新知	（一）通读文本，概括事件 题目叫"黄侃先生二三事"，文章选取了黄侃的哪些事呢？（快速读课文,边读边概括）	这个阶段是教学的重点时段

教学事件	教学活动及策略	评析
	"闹学堂，怒砸虎头牌""借酒性，撰反清檄文""谈胡适，嘲笑白话文""率其性，拒佩校徽出入""穿着怪，耍大牌脾气""严治学，不轻易为文说发现"（由学生自己说，老师板书"砸虎头牌、酒后成文、戏谑胡适、拒佩校徽、拒绝回校、治学严谨"。） 如果把这些事归类，你会把它们分成几个方面？为什么这么分类？（由学生自己说，老师板书"革命壮行、名士趣行"，引导学生关注标志性的句子。） 说明与反思：对文章结构的分析和对文中起结构性作用的语句的把握（抓关键词句、划分层次策略） （二）分析文本，把握形象 我们读传记，不仅可以了解传主的人生经历、主要成就，还能从中读到一个鲜明的人物形象，感受传主独特的人格魅力。经历、成就这些是外显的，而精神风貌则往往蕴含在人物的言行中。那么通过本文选取的二三事，你觉得黄侃先生是怎样的人？（黄侃有怎样的性格？）结合文本，谈谈理由。（小组讨论 2~3 分钟，然后派代表发言，老师板书，如"不畏、狂狷、虔敬、自由、率性等"，以学生的说法为主。） （三）拓展文本，探究价值 黄侃自由率性、放诞狂狷的性格在几个有代表性的事件中，在他的行动和语言中，包括作者在开头定下的基调中表现得淋漓尽致。 传记读到这里，我们算基本上了解了黄侃其人。那么我有一个疑问：作者为什么要写黄侃这样一个学者？（引导学生关注文章的开头和结尾，像黄侃这样的学者在那个时代并非个别，可以通过对黄侃的介绍，进而表现那个时代的学者风貌。）黄侃的性格很具有代表性。那么为什么会有这样一群极富个性的学者呢？（社会时代造就了这群人）时代怎么就造就了一群狂狷的学者呢？（探究政治时势与人物个性的关系，即黄侃的性格意义）	

第三章 不同文体的「导教」策略研究与课例

147

续上表

教学事件	教学活动及策略	评析
	（前后4人小组讨论，探究没有固定答案，旨在激发学生思考） 　　预设：清末民国初，封建君主制终结，旧的规范制度和社会秩序崩溃，社会动荡，新的政治体系又没有建立起来，政治对思想的钳制很松，新旧思想活跃，人格觉醒，追求自由。很多学者留学，受自由民主思想的影响深，追求精神的自由和个体人格的独立。正如魏晋时期，政权更迭，社会动荡，司马氏集团的篡权行为破坏了传统礼法秩序，还打着礼法名教的旗号罗织罪名、铲除异己，下层知识分子不敢也不能入仕，不满儒家宣扬的礼法，以竹林七贤为代表的名士们"蔑礼法而崇放达"，超脱外在的规范约束，恣情任性，纵酒狂歌，服药玄谈。可以说是时代造就了如此放旷自然的生命。 　　那么我们再反过来想想，这样个性的人又会对社会、对时代产生些什么影响呢？（学生畅谈） 　　预设：在清末民国初这样的时代政治大背景下，蝇营狗苟的人多，有革命思想却沉默的人也不少，只有既有思想又有个性的人才付诸行动。黄侃有明确的革命思想，狂狷的性格让他的言行张扬，如手持木棒冲进学堂砸虎头牌，酒兴大发写下革命檄文。他没有真正登上政治舞台，但对革命的宣传与支持，对社会氛围是有影响的。而从他戏谑胡适嘲讽白话文，在中央大学的行为举止中我们可以看出这个颇具个性的学者对自己理想的坚守，这是文人的骨鲠之气，这样的知识分子才是社会的"精神脊梁"。 　　说明与反思：联想类比与探究策略，探究政治时势与人物个性的关系（黄侃性格的意义）	
四、归纳、总结	传记阅读的基本步骤：梳理事件（一来大致了解传主的经历，二来理清文章思路）→分析人物形象［把握开头定出的人物精神基调，分析人物的动作、人物语言（直接、间接），抓富有特性的细节］→挖掘人物性格的意义（探究人物个性与时代社会的关系）。	师生共同归纳出学习的规则

教学事件	教学活动及策略	评析
	说明与反思：理清思路—把握形象—探究意义，这是传记学习的基本步骤，规律性强，易于学生掌握	
五、变式练习	PPT 显示：现在的人追求个性表现在哪里？（现代人怎么表现个性？）怎样看待他们个性表现的方式？ 　4 人小组讨论，提出观点，并列举事实支持观点。之后邀请一些学生作交流。 　观照现实社会，我们也在追求个性，张扬个性。这是好事，我们不否定它。但如果只停留在奇装异服或是像某些"网红"以暴露丑态表达个性的话，那么对个性的认识就太浅了。今天，我们一起了解黄侃，一起认识人物个性与社会的关系，认识追求精神自由与人格独立，坚守理想，做社会"精神脊梁"的人才叫有个性，才叫"酷"！ 　说明与反思：探究策略，客观评价和深刻反思现代人的个性，训练学生的批判性思维品质	运用规则策略性知识
六、作业检测	写一篇周练，探讨人物性格与时代社会的关系，要求：二者关系不必面面俱到，可就其中一点展开充分的论述。 　说明与反思：巩固所学知识，将阅读与写作结合，并考查学生的迁移能力	检测、反馈

2. 课例二：《扼住命运的咽喉》

《扼住命运的咽喉》教学设计见表 3-17。

表 3-17　《扼住命运的咽喉》教学设计

课题：　扼住命运的咽喉

设计与执教：广东实验中学 杨 芳　　学生年级：高二

学习目标：

1. 能把握传记的基本事实，了解贝多芬的人生轨迹。

2. 能感受该评传饱含情感的特点，并从把握精神、选择材料的角度体会评传的写法。

续上表

3．感受贝多芬的精神魅力，从中获得有益的人生启示。

学习结果类型与学习条件分析：属于高级技能学习。

所需要的条件是：

1．学生在已有传记学习基础上，具有进一步深入学习的动机。

2．多媒体演示设备。

3．收集贝多芬的人生经历和音乐创作等资料。

起点能力：

1．学生具备一定的传记阅读基础，高一时也学习过一些传记篇目，初步掌握了传记阅读的方法。

2．学生对钢琴家贝多芬的作品有一定的了解，具有钢琴特长的学生对贝多芬的作品感受更深一些。

学生能力结构分析：

终点目标

感受贝多芬的精神魅力，从中获得有益的人生启示。

感受评传饱含情感的特点，从把握精神、选择材料的角度体会评传的写法。

相貌、观行、听言、得神，三识传主，尚之为友。

初步了解传记这一文体，了解贝多芬其人其作品。

起点能力

课堂教学过程：

课时：__第一课时__

教学事件	教学活动及策略	评析
一、激发学习动机	《命运交响曲》是德国著名作曲家贝多芬的代表作，它作于1804—1808年，表现了贝多芬与不幸的命运顽强搏斗的精神，面对非同寻常的厄运，贝多芬发出了不屈的呼喊——这就是——（打出课题）"扼住命运的咽喉"。	补充一些有趣材料，激发学生兴趣

教学事件	教学活动及策略	评析
	说明与反思：上课前先请同学们欣赏一段音乐。播放《命运交响曲》，激发学生研究贝多芬生平及作品的兴趣	
二、回忆已知	学生脑海中呈现之前看到过的贝多芬画像，想象贝多芬在与命运勇敢抗争中坚持作曲的情形。 说明与反思：调动学生的联想和想象，为深入研读课文做好准备	巩固起点能力
三、学习新知	（一）初识传主：相其貌，得其神——肖像描写，神隐其中 罗曼·罗兰对贝多芬的肖像可谓精雕细刻，其用意何在？请结合具体描写来分析。 明确： 肖像描写——突出特征（神隐其中） 体格身材　　身体充满爆发力 脸　　皮肤有色泽，活力（生命力） 额头　　充满智慧，富有创造力 头发　　充满旺盛的生命力，坚强、叛逆 眼神　　深邃、隐蔽、狂野、忧郁，富有洞察力、穿透力 鼻子　　不向命运低头的勇敢的王者之风 嘴巴　　细腻 牙床　　富有意志力、忍耐力、持久力 下巴　　内心充满矛盾，乃至有些扭曲 肖像描写暗藏玄机，神（超越一般人）贯之于肖像的各个部位，贯之于一生经历（传主胜利的根本），贯之于音乐创作（传主创作的源泉）。 （二）再识传主：观其行，得其神——人生经历，神显其中 节选文章写的是贝多芬哪个人生阶段的经历？具体写了贝多芬哪些重要的人生经历？表现了贝多芬怎样的精神特征？ 明确：出生至30岁，包括童年（第2~4段），法国大革命时期（第5~7段），耳聋（第8~11段），失恋（第12~15段）。	这个阶段是教学的重点时段

续上表

教学事件	教学活动及策略	评析
	命运：童年不幸（父亲施暴、年少当家、早年丧母）；双耳失聪（内心痛苦、精神绝望）；爱情失败（自卑苦恼、绝望苦闷、几近毁灭）。 （魔高一尺） | （道高一丈） 贝多芬：童年伴侣、恬静相知、物华天宝、滋养人心；失聪时隐忍，勇敢地承受，愿向命运挑战，创造欢乐；失恋时坚强的天性，不向磨难屈服，奋起抗争。 （三）三识传主：听其言，得其神——语写照，神传其中 全文最传神的是哪一句话？为什么？ 明确：扼住命运的咽喉 ①妙用修辞（拟人），"扼住"具有更强的主动性、攻击性、致命性，从中也可以看出贝多芬一生的苦难与奋斗。②言行一致，勇敢抗争。③是文眼，文章灵魂，统摄全文。这句话体现贝多芬在隐忍挣扎中勇敢抗争。 除了勇敢抗争，贝多芬还有哪些"扼住"命运的表现？结合传主的言语、作者的话分析。 "能把人生活上千百次，真是多美！" "他渴望幸福，不肯相信他无药可救的灾难；他渴望痊愈，渴望爱情，他充满着希望。" "扼住"命运还指贝多芬在苦难不幸中向往美好。贝多芬："我的艺术应当使可怜的人得益。"罗曼·罗兰："一个不幸的人，贫穷，残废，孤独，由痛苦造成的人，世界不给他欢乐，他却创造了欢乐来给予世界！""我跪着，由他强有力的手搀扶起来。""我称为英雄的，并非以思想或强力称雄的人，而只是靠心灵而伟大的人。" "扼住"命运更包含贝多芬创造欢乐并给予世界。 （四）尚之为友：得其神，悟其理——学习传记，增长智慧	找中心词句、赏析策略

教学事件	教学活动及策略	评析
	贝多芬通过斗争走向胜利，由痛苦走向欢乐，最终获得人生的成功与自由。他的经历给我们哪些人生的启迪？结合自身的经历或见闻来谈。 如可以谈《孟子·告子下》"故天将降大任于是人也，必先苦其心志，劳其筋骨，饿其体肤，空乏其身，行拂乱其所为，所以动心忍性，曾益其所不能。"又如《老人与海》"一个人并不是为失败而生的，一个人可以被毁灭，但不能被打败。" 说明与反思：通过目标置换，问题驱动来把握传主形象，从而培养学生的形象思维能力	引导学生畅谈读后感，对文本所含的情感、价值观进行评价；引导学生调动已有的知识和生活经验，唤起丰富的情感体验，发挥联想和想象，培养学生的创造性思维能力
四、归纳、总结	传记作为写人的艺术，重在塑造人物形象，主要通过记录传主的生命历程和轨迹来展现其人生风貌，因而在阅读传记时，要抓住传主这一中心，梳理作者组织了传主的哪些材料，记录了传主哪些人生阶段，展示了传主的哪些方面，倾注了哪些感情态度，给了人们哪些启迪。 说明与反思：掌握传记解读之传主中心法	师生共同归纳出学习的规则
五、变式练习	（2011 广东高考）实用类文本阅读人物传记《梁宗岱先生》第 20 题（见附 1），④⑤⑥三段文字写出了梁宗岱在文学活动中的哪些性格特点？ 人物性格特点的概括要基于人物本身的言行。④⑤⑥就是集中写到了梁宗岱所从事的辩论、阅读、朗读、翻译等文学活动，但活动本身不等于性格，所以不能直接摘录原文，必须从其活动的描写中提炼人物性格。如："若一面走路一面辩论，他这种姿势尤为显著：跟上他的脚步，和跟上他的谈话速度一样不容易，辩论得越激烈，他走得越快。他尖声喊叫，他打手势，他踢腿。"表现了梁宗岱的率真、有激情。"跟他谈话，能叫你真正筋疲力尽。说是谈话，时间长了就不是谈话了，老是打一场架才算完。"表现了梁宗岱的执着、好胜。"他一个一个地计较，	运用规则策略性知识

续上表

教学事件	教学活动及策略	评析
	死盯着不放，不独一字字地译，连节奏和用韵都力求和原作一致。"表现了梁宗岱的严谨、认真。 说明与反思：通过分析人物的言行，把握人物形象，并训练学生的概括能力	
六、作业检测	完成2015年全国新课标卷Ⅱ《将军赋采薇》第（4）题。 说明与反思：巩固所学知识，并考查学生的迁移能力	检测、反馈

课时：　第二课时

教学事件	教学活动及策略	评析
一、激发学习动机	从表达方式的角度比较《黄侃先生二三事》与《扼住命运的咽喉》，明确本文是评传。 说明与反思：比较鉴赏策略，明确评传结合的文体特征。有意识地在学生思维的灵活性和求异性等思维创造性的不同方面进行渗透和训练。	补充一些有趣材料，激发学生兴趣
二、回忆已知	新课前可以对上节课的内容进行复习。 说明与反思：回顾是巩固，也是对学习的一种唤醒和对目标的进一步明确	巩固起点能力
三、学习新知	（一）讨论如何选材 　上节课，我们通过相貌、观行、听言把握了传主形象，体会了传记中最震撼人心的一些句子。这些都是贝多芬的独白。那么，独白在传记中有什么作用呢？ 　明确：一则富有真实感受。二则可以细腻地展现人物内心的痛苦，彷徨和挣扎，从人物内心里流出的真情实感更能打动人。三则直接体现了贝多芬的精神。 　说明与反思：反复诵读策略，引导学生结合贝多芬的人生经历，体会他的内心世界，对贝多芬的精神有了更深一层的理解。 　师：同学们要注意到这些独白不是随意引用的，他是出现在人物经历的事件当中，是人物对自身的遭遇做出的反应，如9、10段的独白出现在耳聋之后。13、14段的独白出现在疾病加失恋之后。	这个阶段是教学的重点时段

教学事件	教学活动及策略	评析
	现在我们可以思考一个问题：作者选择了一些什么材料写入传记，选材的依据是什么？在贝多芬 30 年的人生中，还有许多重要事件没有在传记中提及，如访问莫扎特，师从海顿等，也有很多广为流传的故事没写，如为一个盲姑娘写《月光曲》。 　　明确：选材首先要真实。然后作者是围绕贝多芬思想感情发展变化的轨迹来选材的。 　　先看贝多芬的童年生活。贝多芬的童年生活对他今后的人生产生了怎样的影响？（提示注意"这些可悲的事实在他心中留下了深刻的创痕"） 　　再看第 4 段，作者对贝多芬的童年做出点评：童年不仅给贝多芬带来了凄凉惨淡的记忆，也给他带来温柔美丽的梦境。在这里又请大家思考一个问题：作者为什么要用大篇幅写贝多芬的故乡的美丽呢？（提示在第 11 段中找依据） 　　明确：莱茵河环绕着细腻的波恩，成为他人生的坐标原点。也许是因为有了这份掩埋在冷漠下的深情，才推动贝多芬那些富有激情的作品走得更远。 　　莱茵的歌谣便是他苦难的心灵的药。他遭受的痛苦使他成为心灵上真正的流放者。他在疏离于现实的同时却越发无比忠贞于自己最深处的灵魂。 　　大自然滋养了贝多芬细腻温柔的情感，在不幸的生活中，他从自然的美丽中得到了安慰，他终生对大自然充满挚爱的情感，尤其他美丽的故乡，他音乐中宽广的意境和淳朴的旋律都来源于大自然的灵感。所以说童年生活对他的性格形成与创作风格有重要影响；同样地，法国大革命的自由精神，对他的精神面貌和作曲风格有重要影响；耳聋、失恋等挫折对他的情感变化与音乐创作有重要影响。 　　总之选取的是对贝多芬的感情变化、精神面貌有重要影响的材料。	品读赏析策略，体会节选部分的人生经历对贝多芬的影响

续上表

教学事件	教学活动及策略	评析
	所以有评论者认为，传记特点一：这是一部"思想的传记"，作者的目标不是细致地记录传主的人生履历，而是描绘他的灵魂成长轨迹。因此本文选取的都是侧重于表现传主思想感情发展变化方面的材料。 （二）体会作者融在评说中的浓情 作为一篇优秀的评传，除了在把握人物的精神的基础上，恰当选材加以叙述之外，作者对人物的评议也很重要。 师读开头叙述，众读评议，读独白。 刚才大家提到第 11 段。这是作者对贝多芬在耳聋的愁苦下所作作品的评议。作者重点指出"奇怪的是并非所有的作品都带忧郁情绪"之后，打动大家的那段话是罗曼·罗兰对贝多芬深刻的理解、深沉的思考和独到的诠释，饱含着他对贝多芬的深沉的感情。 同样的第 12 段，也是一个评议的段落，作者对贝多芬的爱情观表明了他的褒贬立场，蕴涵了他的浓郁情感。大家齐读，然后请同学从这个角度分析一下。 明确：罗曼·罗兰没有拘泥于一般传记的俗套和冷漠，而是在传中注入了浓厚的主观色彩，字句间充满了自己对贝多芬的强烈感情。他以贝多芬的好朋友、知音、当事者的身份来叙述。 传记特点二：作者对传主的评说议论与抒情紧密结合。全文笼罩着浓郁的情感和深沉的哲思。 从贝多芬对罗曼·罗兰的影响来体会罗曼·罗兰的感情。"曾经在人生的战场上屡次撑持我的贝多芬""我跪着，由他强有力的手搀扶起来"……所以作者的评议是饱含情感的。 作者这种饱含情感的评议有时会夹在叙述当中，与贝多芬的独白相配合，产生巨大的震撼力，这就是大家自读时感受到的第 13、14 段。 说明与反思：探究策略，体会传记的选材与组材艺术，引导学生思考怎样写好评传	板书：叙——精选材料，表现传主感情的发展变化 板书：评——饱含感情，展现传主的精神风貌。

教学事件	教学活动及策略	评析
四、归纳、总结	本文是评传，"传中有评，评中有传，评传结合"是其特点。"传要真实，评要中肯"是评传写作的基本要求。传（叙）：选材要真实，选取的是侧重于表现传主思想感情发展变化方面的材料。评：评说议论与抒情紧密结合。作者以贝多芬的好朋友、知音、当事者的身份来写传，注入了浓厚的感情色彩，体现了对贝多芬的深刻理解与思考。 　　说明与反思：明确评传的文体特征，注意它与以叙述为主的人物小传的区别	师生共同归纳出学习的规则
五、变式练习	（2008山东卷）《我所认识的梁漱溟》第22题作为一篇评传性文章，作者是从哪几个方面"认识"梁漱溟的？这样写对你的写作有何启示？（见附2） 　　明确：主要是从学问和人格两个方面去认识梁漱溟的。启示有四点：（1）从文体来说，要评传结合。（2）选取自己熟悉的材料。（3）中心内容要体现人物的身份特征。（4）通过细节表现人物。 　　说明与反思：在练习中强化课堂所学的知识	运用规则策略性知识
六、作业检测	完成《分裂者宫崎骏》第（4）题（见附3）。 　　说明与反思：巩固所学知识，并考查学生的迁移能力	检测、反馈

　　附1：

梁宗岱[①]先生

温源宁

　　①像宗岱那样禁不住高高兴兴的人，我从来没见过。他那种高兴劲儿有时候把你吓一大跳。即使他确实知道灾祸临头，我敢说，他还是过那种无忧无虑的快活日子：他会特别重视仅有的那一丁点儿阳光，因而完全忘掉美景背后的一大堆影子和黑暗。宗岱热爱人生，热爱得要命。对于他，活着就是上了天堂。他一息尚存，便心满意足。他笑着过生活。我们许多人，因为对生活有求而不得，也只好笑一笑，宗岱呢，因为对生活无所求，所以笑得最好。

　　②这种高高兴兴的性情，在他的脸上不是表现为一团笑纹的微笑，就是表现为欢快地扬眉张口，似乎急于把人生献给他的一切狼吞虎咽地吃下去，再用咂得乱响的双唇

续上表

像回声一样说着全能的上帝所说的话："看哪，这很好！"他那轮廓鲜明的相貌和锐利的眼睛，透露出来高超的智慧，它渴望着对心灵作深入的探险。

③宗岱有运动员的体格。中等身材，稍有些瘦，哪一天他都可以当个马拉松健将。实际上，他是个出色的善于跑路的人。他洋洋得意地说他走路比汽车或者比飞机还快。他也爱游泳，在这方面，他认为他的勇敢大大超过了实际的限度，我不大相信，不过，我敢说，必然可以超过一点儿。此外，为了保健，他操练孙唐②的锻炼功法等等下了苦工夫。

④宗岱喜好辩论。对于他，辩论简直是练武术，手、腿、头、眼、身一齐参加。若一面走路一面辩论，他这种姿势尤为显著：跟上他的脚步，和跟上他的谈话速度一样不容易，辩论得越激烈，他走得越快。他尖声喊叫，他打手势，他踢腿。若在室内，也完全照样。辩论的缘由呢，为字句，为文体，为象征主义……而最难对付的往往就是为某两位诗人的功过优劣。要是不跟宗岱谈话，你就再也猜不着一个话题的爆炸性有多大。多么简单的题目，也会把火车烧起来。因此，跟他谈话，能叫你真正筋疲力尽。说是谈话，时间长了就不是谈话了，老是打一场架才算完。

⑤对文学，宗岱最有兴趣。他崇拜的是陶渊明、法雷芮、蒙坦、莎士比亚、拉辛和巴斯加。他们的著作，他读起来永远放不下。法雷芮的诗，他极喜欢，但我们若听他朗读，却往往无法注意诗句的美妙，而全被他朗读的架势吸引了——令人很容易幻想着自己正在听一个宗教狂的狂热宣传。

⑥旁人看来，宗岱的翻译简直是件苦差，纸上的文字仿佛都和他有仇，他一个一个地计较，死盯着不放，不独一字字地译，连节奏和用韵都力求和原作一致。他这样难为自己几近傻气，但他译的蒙坦的随笔及莎士比亚十四行诗是公认的接近原著，只怕无人能与之媲美的。

⑦法雷芮的格言"要行动，不要信念"，是宗岱衷心信服的。但宗岱的人生哲学还不止于此。实际上，他并不相信上帝、天路历程和永生。无疑，他就是相信自己，相信人生可恋，文学可喜，女人可爱。如果有人长期埋头于硬性的研究之中，忘了活着是什么滋味，他应该看看宗岱，便可有所领会。如果有人因为某种原因灰心失望，他应该看看宗岱那双眼中的火焰和宗岱那湿润的双唇的热情颤动，便可唤醒自己对世界应有的兴趣。我整个一辈子也没见过宗岱那样的人，那么朝气蓬蓬，生气勃勃，对这个荣华世界那么充满了激情。他活了多少年，我一定相信多少年，相信激情、诗情和人生是美妙的东西——不，应该说是人回老家以前所能得到的最美妙的东西。（选自《一知半解及其他》，南星译，有删改）

【注】①梁宗岱（1903—1983）：广东新会人，诗人、翻译家。②孙唐：德国体育家。

1. 请分别指出文中③④段画线部分所用的修辞手法，并具体说明这些修辞手法在文中的表达效果。

2. ④⑤⑥三段文字写出了梁宗岱在文学活动中的哪些性格特点？

3. 如何理解第⑦段画线部分的内容？请结合全文回答。

附2：

我所认识的梁漱溟
牟宗三

我是在梁先生于重庆北碚创办"勉仁学院"时（1948年）认识他的。"勉仁"是梁先生的斋名，取儒家"勉于行仁"的意义；先前他也以"勉仁"办了一所中学。我是在建校以后去的，在那里待了一年多，所以对梁先生的学问与人格也有一些了解。

<u>他是个了不起人物</u>，从性情、智慧、个人人格各方面来讲，在这种时代，要找这种人，已经不太容易了。他的议论不管是对是错，都有真知灼见。<u>他和一般社会上的名人、名流不同</u>，他对中国有极深的关怀，平生所志都在为中国未来的发展寻出一条恰当的途径，例如"乡村建设运动"，就是梁先生思想见之于行动的具体表现，不只是讲说学问而已。

"乡村建设"的实践，就他思想的渊源来看，可以《东西文化及其哲学》为代表。这本书是梁先生应王鸿一之邀，在山东以"东西文化及其哲学"为题的演讲稿合辑而成的。那时他还很年轻，不到30岁。这是当时非常了不起的一本著作，思辨性非常强，自成一家之言，不是东拉西扯，左拼右凑出来的，而是一条主脉贯串而下，像螺丝钉钻缝入几的深造自得之作，可说是第一流的。

梁先生没出过洋，又不是什么翰林学士，但一样可以讲中西文化问题；黑格尔没到过中国，也不认识中国字，但到现在为止，讲中西文化问题的，没有一个超过黑格尔的，谁能够像黑格尔了解到那种程度的？这就是哲学家的本事了。梁先生讲中西文化，完全出自于他对时代的体认及民族的情感，而这又是承续自他家庭中关心国事的传统。梁先生的父亲梁济（字巨川），在民国七年时，为抗议象征着固有文化的清朝之灭亡，而自杀身亡。这是一个时代的问题，也是梁先生格外关注的文化问题。

究竟，中国文化该何去何从？中国文化在满清统治了三百年之后，从辛亥革命到现在，一直难以步上正轨，而源始于十七、八、九世纪近代文明的西方文化，就摆在眼前，应该如何作个抉择？

梁先生曾说过一句话：要读他的《中国文化要义》，保存中国传统。保存文化是对的，那一个民族能否定自己的文化？但想了解中国文化并不容易，读《中国文化要义》恐怕不如读《东西文化及其哲学》。

《中国文化要义》是从他的《乡村建设理论》简约出来的，哲学味太重了，每一个项目都需要再加以申说，否则不易懂。而《乡村建设理论》虽是他最用心的著作，企

续上表

图自农村风俗习惯的横剖面深刻剖析中，归结出中国文化的特征，但是纵贯性不够，在方法论上"从果说因"，是有问题的。这是梁先生一生吃亏的地方，也使他不可能真正了解到中国文化。

梁先生晚年观念已老，也有很多问题没有触及，尤其是文化上。

但是，在"文革"之时，他却表现了中国知识分子不屈不挠的风骨与气节，这是他最值得敬佩的地方。他被批斗时，家具和所有的藏书也都被摧残烧毁，他并没有反抗，只极力要求破坏者让他保留一部字典，因为那部字典是向朋友借来的，烧掉了会对不起他的朋友。虽然最后这部字典还是不能幸免，被烧掉了，但是从这件事上，也可以看到他那来自传统知识分子的忠厚的一面。

梁先生在近代中国是一个文化的复兴者，不但身体力行地宣扬了传统的儒家思想，更可以说是接续了清代断绝了300年的中国文化。这是他的一生最有意义的地方，也正是梁漱溟先生象征"文化中国"的意义所在。

（文章有删改）

1. 文章第二段说"他是个了不起的人物"，"他和社会上一般的名人、名流不同"。这样评说梁漱溟的具体理由是什么？

2. 文章第四段写到了梁漱溟父亲自杀身亡，这段文字在文中有何作用？

3. 作者在评述《中国文化要义》等著作特点的同时，也指出了梁漱溟的不足。他的不足之处具体表现在哪几个方面？

4. 作为一篇评传性文章，作者是从哪几个方面"认识"梁漱溟的？这样写对你的写作有何启示？

附3：

分裂者宫崎骏
刘珏欣

72岁的宫崎骏这次没有罩在标志性的白色大围裙里。他穿着白西服，白须白发，只有眉毛还是黑的。9月6日，站在为他退休发布会赶来的六百多名记者前，宫崎骏批评自己：之前说过好几次退休，搞得大家都不相信了。"但是这次……"他表情严肃起来，"是认真的。"说完却噗嗤笑出来，笑完又不好意思似的，抬手挠了挠头顶的白发。

早在1987年，还是筹备《龙猫》的时候，他便说过自己：一边嚷着要洗手不干，一边转头又与人谈论新的影片策划。"我自身的分裂也愈加深重。……一边说讨厌专职意识，一边在公司中却仅仅以才能来评价别人；我明知要以如今的状况创作优秀的、人性的作品，就必须忍受这非人性的现实，因而又心安理得地成为工作之奴。"

分裂感在宫崎骏的身上几乎无处不在。他是著名的反战主义者，同时也是著名的武器爱好者。童年经历让他曾极度厌恶日本，批评起日本来毫不留情，但出国时，他又会视日本的荣辱为己任，一再提醒同行者要注意自己的行为举止。

最后，宫崎骏总能把各种分裂处捏合在一起。当被问到他身上的矛盾之处，他回答："这是没办法的事情。没有矛盾的人估计也是无趣的人。"现在，尽管看起来，他似乎已经变成他本人曾期望的"有着温厚的白发和胡须的老人"，其实，岁月并没有把他变得心平气和。他说，即使他很努力地想让自己变沉稳，却怎么也办不到。

"我的内心似乎住着一个我所不知道的'宫崎骏'。"他在 67 岁时写道："我是个在诸如凶残的部分或是愤怒、憎恶之类的情绪部分，都比别人强上一倍的人。明明是个偶尔会陷入失控的危险境地的人，却在日常生活中尽量压抑住这部分，因而甚至被认为是个'好人'。这和我的真面目是不一样的。"

在共事近五十年的老朋友高畑勋眼里，宫崎骏"他有孩子气的一面，天真无邪又任性率真，所以会把自己的欲望表现在脸上。可是，却又因为有着比别人多一倍的律己、禁欲意志及羞耻心，所以经常想要加以隐藏，使得表现出来的行为显得曲折不可测"。

给无数人带来美妙童年的宫崎骏自己并没有一个美妙童年，他甚至也没有一个悲惨童年。他的童年以"好孩子"的姿态平淡度过。"在朋友之中，我应该算是颇为开朗的人。但在内心深处，却存在着一个充满极度惶恐与恐惧的自己。"他记得自己 18 岁之前，总是躲在房间里乱吼乱叫，看那些描述恨意和不快事物的连环画，一心一意想要忘掉一切。他真的忘掉了。他能记得初次见到蝉的眼睛有多漂亮，也记得鳌虾那呈现剪刀形状的大鳌有多感人，但是关于自己与他人那时互动的模样，却全部从记忆里消失了。"所以我后来会制作儿童动画，其实是一种补偿心理。"宫崎骏后来总结，"童年不是为了长大成人而存在的，它是为了童年本身、为了体会做孩子时才能体验的事物而存在的。"

在准备高考的黑暗季节里，宫崎骏看到了日本首部长篇彩色动画片《白蛇传》。看完电影后，他几乎失魂落魄地晃荡在飘雪的回家路上，蜷缩在桌炉边哭了一整晚，这里面夹杂着考生的抑郁、青春期的惶恐和少年的怀春。正在模仿愤世嫉俗连环画的宫崎骏感觉醍醐灌顶：其实他不想画那些，他渴望自己能够肯定这个世界。

"人类是无可救药的东西。"这句母亲的口头禅曾经无数次引发宫崎骏的激辩，但抗议的同时，他又确实因为战败后的丑恶现实感到无地自容。许多年后，宫崎骏与他尊敬的作家堀田善卫和司马辽太郎对谈，听到他们也说出"人类真是无可救药"，心情竟轻松了许多。"如果把它说成一种透彻的虚无主义，或者会招致误解。这是归结于现实主义的说法，并没有否定人类的意思。"宫崎骏说。按照高畑勋的想象，老去的宫崎骏应该一边感叹"人类真是无可救药"，一边泰然自若、寄希望于未来……

（摘编自《南方人物周刊》2013 年第 9 期，有删改）

【注】宫崎骏——日本著名动画导演、动画师及漫画家。其动画作品大多涉及人类与自然之间的关系、和平主义及女权运动，出品的动漫电影以精湛的技术、动人的故

续上表

事和温暖的风格在世界动漫界独树一帜。他在日本动画界占有超重量级的地位，更在全球动画界具有无可替代的声望。迪士尼称他为"动画界的黑泽明"，《时代周刊》评价他为全球最具影响力的人物。

宫崎骏执导过 12 部长篇动画电影，主要有《风之谷》《天空之城》《龙猫》等。

1. 下列对材料有关内容的分析和概括，最恰当的两项是（   ）

A. 72 岁的白须白发的宫崎骏穿着白西服，而不是那件标志性的白色大围裙，这一细节显示出主人公退休的决心和诚意，看来这次是真的要退休了。

B. 为了创作出精品，宫崎骏要求自己"必须忍受非人性的现实"，"心安理得地成为工作之奴"，因此，每当身心俱疲时产生退休的想法是很自然的。

C. 退休发布会上，宫崎骏严肃批评了自己先前的退休声明，接着郑重其事地宣称"这次是认真的"，从而证明过去的所谓退休都是不负责任的炒作。

D. 母亲说"人类是无可救药的东西"时，曾引起宫崎骏无数次的激辩和抗议，但后来听到两位作家也持这样的观点时，宫崎骏已能比较愉快地接受了。

E. 宫崎骏因为内心深处充满对现实的极度惶惑和恐惧，所以他就在动漫电影里采用温暖的风格，用电影艺术的独特特性表现自己对现实世界的信心。

2. 文中画线部分对人物形象的刻画很有特色，请简要赏析。

3. "分裂者宫崎骏"的"分裂"主要表现在哪几个方面？请根据全文内容分点概括。

4. 宫崎骏是"在全球动画界具有无可替代的声望"的动画大师，但本文并未叙写他的成就、地位和影响等内容。你认为本传记的选材有什么特点？这样写有什么好处？请结合文本谈谈你的看法。

3. 课例三：《我读一本小书同时又读一本大书》

《我读一本小书同时又读一本大书》教学设计见表 3–18。

表 3–18　《我读一本小书同时又读一本大书》教学设计

课题：　我读一本小书同时又读一本大书
设计与执教：广东实验中学 杨芳　　学生年级：高二
学习目标： 1. 概括并提取相关信息，了解传记中的人和事。 2. 把握并善于抓住真实生动的细节描写的特点，体会自传抒发的真实情感。 3. 体会沈从文童年的逃学生活对他以后的文学创作产生的影响。 4. 鼓励学生阅读沈从文的《边城》《从文自传》等作品，从而更全面地认识沈从文。

学习结果类型与学习条件分析：属于高级技能学习。

所需要的条件是：

1. 学生具备进一步深入学习传记的动机。

2. 多媒体演示设备。

3. 介绍沈从文经历及作品的材料。

起点能力：

1. 学生掌握了传记阅读的基本方法，具备一定的形象思维能力。

2. 通过小组研究性学习，学生初步了解了沈从文的生平及他的湘西世界。

学生能力结构分析：

终点目标

结合本文，展示研究性学习成果，更全面更深入地认识沈从文。

体会沈从文童年的逃学生活对他以后的文学创作产生的影响。

把握细节里的情感和情感里的细节，体会本文的文体特点。

通过概括梳理传记中的人和事，了解沈从文上私塾时的逃学生活。

掌握了传记阅读的基本方法，初步了解沈从文。

起点能力

课堂教学过程：

课时： 第一课时

教学事件	教学活动及策略	评析
一、激发学习动机	每一个已经形成自己写作风格的作家都有一个"根据地"，比如说老舍的作品便充满"京味"；王安忆的写作就经常以上海为背景；张承志的作品中总有一望无际的大草原，驰骋的牧马；贾平凹的作品中经常有陕北的风味。同样，沈从文无论走多远，也走不出他的湘西世界。而他体会到自由随性、热爱自然、	补充一些有趣材料，激发学生兴趣

续上表

教学事件	教学活动及策略	评析
	不受拘束的生命的本真和快乐就来源于童年的那段逃学生活。今天我们就随着沈从文一起读一本"小书"同时又读一本"大书"。 说明与反思：用多媒体课件播放沈从文《湘行散记》《边城》《我与文学》中的片段，鼓励学生思考沈从文作品风格的成因	
二、回忆已知	找学生说说他所了解的沈从文其人及作品。 说明与反思：调动学生已有的知识，激发学生学习本课的兴趣	巩固起点能力
三、学习新知	（一）粗读课文，概括并提取相关信息。 设计一张表格，填出传记中的人和事：主要人物（传主）、相关人物、主要事件。	这个阶段是教学的重点时段

段落	主要事件
9	到城外的庙看热闹
10	藏书篮
11	逃学失败受罚
12、13	到新学校上学路上的见闻
14	看尸体
15	看杀牛、织簟子、看打铁
16	下雨天的趣事
17～27	抓蟋蟀和斗蟋蟀
30	偷李子枇杷

说明与反思：梳理事件，大致了解传主的经历，理清文章思路。（筛选信息，概括内容要点）

（二）精读课文，把握细节中的性格和情感中的细节。

第9段：到城外的庙看热闹

对于一个逃学的孩子来说，每一件小事都显得很有趣，令人流连忘返……

第10段：藏书篮

懂得逃学的孩子都是聪明的，大家都不约而同地找到这样一个绝妙的地方把自己逃学的证据藏起来，而且大家都默契地遵守逃学的规则……

第11段：逃学失败受罚

逃学失败了，受罚是自然的事，可是受罚却恰恰给了我在无法接近自然的时候一个练习想象的机会！其实，受罚也可以是一件很值得感谢的事……

教学事件	教学活动及策略	评析
	第12、13段：到新学校上学路上的见闻 上学的路途变遥远了，却是一件幸福的事，磨针的、做伞的、肚皮上有一撮毛的胖子皮匠、剃头的、染坊的、豆腐作坊的苗妇人、扎冥器的……一切都令人驻足，原来上学的路上可以如此地有趣！ 第14段：看尸体 沈从文作品中出现的关于杀人的描写不会让我们感到恐惧。在这篇文章中，我们看到的更多的是一个小孩子的好奇。 第15段：看杀牛、织簟子、看打铁 得到的不只是趣味与快乐，更大的收获是学会了很多的知识！ 第16段：下雨天的趣事 不喜欢穿鞋、不喜欢受拘束——即使是十冬腊月，因为向往便是儿童的本真"我感情流动而不凝固，一派清波给予我的影响实在不小。""我认识美，学会思索，水对我有极大的关系。" 第17～27段：抓蟋蟀和斗蟋蟀 抓蟋蟀、斗蟋蟀，不计较结果如何，享受的是那过程，自然就不去计较到底有没有吃亏了…… 第30段：偷李子枇杷 喜欢恶作剧通常是很多孩子的天性。偷到了果子，能解馋的同时，还可以活活地把那园地主人气得干瞪眼，真的比学校里的游戏有趣多了！ 小结：童年的沈从文好玩，热爱自然，不受拘束，自由随性、无所顾忌，懂得发现和欣赏身边的美，体会到生命的本真和快乐。 说明与反思：此环节着重赏析文中精彩的细节描写。采用个体阅读与小组合作交流的方式进行鉴赏，体会传记真实性与文学性相结合的特征	

续上表

教学事件	教学活动及策略	评析
四、归纳、总结	作者用真实的笔调，具体生动的细节描写把逃学中的趣事展示出来，也把我们每个人心底里最宝贵的记忆都挖掘出来了，让我们更深刻地领略大自然和社会生活对作者的人生观所产生的巨大影响，体会到"大书"的博大精深、奥妙无穷。 人物传记，尤其是自传中的细节描写，可以很生动、很细致，以使传记更加真实、动人。传记作为写人的艺术，为了渲染人物个性，离不开记叙最具有典型意义的事件和最能表达人物个性的细节。不写事件，传记无以表现人物；不写细节，作者无以使人物生动起来。因此，阅读传记需要特别关注细节描写。 *说明与反思：强化学生对自传中的细节描写的重视意识，体会细节描写与性格、情感的紧密关系*	师生共同归纳出学习的规则
五、变式练习	《伟大的人民音乐家冼星海》（见附1） "本文在追述冼星海的往事过程中运用了一些细节，举例说说这些细节的写法体现了传记什么样的特色，加以赏析评价。" 明确：①因为是多年以后追述往事，文章对细节没有过多的描写，更不添枝加叶。如晚间上课，学员们要求他继续讲下去，他便一直讲到天亮这样的细节，客观真实地表现人物性格特点，体现了传记史实性、真实性的特点。 ②选用的细节很有典型性、代表性。如在法国作品获奖，他竟只"要饭票"的细节，典型地反映了冼星海生活极其窘迫仍努力出色地学习，言简意赅，很有表现力。 ③在整体的概述中，穿插若干具体细节，使人物形象鲜明饱满。如诗人光未然创作了《黄河吟》，冼星海听完朗诵后，一把将诗稿抓在手里，激动不已地说："这是一部中华民族的史诗，我要把它写成一部代表中华民族伟大气魄的大合唱。"这样的细节，如见其人，如闻其声，十分生动。 *说明与反思：鉴赏策略，在练习中强化课堂所学的知识*	运用规则策略性知识

教学事件	教学活动及策略	评析
六、作业检测	试写一段自己印象深刻的生活（童年）趣事，要求有真实生动的细节描写。 说明与反思：反思意识形态化、商业化和娱乐化从人们的生活中删除细节的现状。"没有细节就没有记忆，而细节是非常个人化的，是与人的感官紧密相连的。正是属于个人的可感性细节，才会构成我们所说的历史的质感。"（见附2）	检测、反馈

课时：　第二课时

教学事件	教学活动及策略	评析
一、激发学习动机	沈从文在这篇自传中主要描述了儿时的逃学生活。从文中看，沈从文逃学的原因是什么？ 明确：①对旧式教育的本能的反抗，因为旧式教育对孩子是一种虐待，教育方式也压制了小孩的天性。 ②我认为"我的心总得为一种新鲜声音、新鲜颜色、新鲜气味而跳。我得认识本人生活以外的生活。我的智慧应当从直接生活上吸收消化，却不须从一本好书一句好话上学来"。（对大自然与多彩生活的向往和强烈的求知欲） 那么逃学对沈从文的人生观及日后的创作有哪些影响？ 这节课，我们就一起认识沈从文的逃学，探讨逃学与成功的关系。 说明与反思：从分析沈从文逃学的原因入手，引导学生思考其逃学与日后创作的关系	补充一些有趣材料，激发学生兴趣
二、回忆已知	（新课前可以对上节课的内容进行简单复习） 细节描写：逃学去游泳、抓蟋蟀和斗蟋蟀、听大自然界中各种奇特的声音；逃学到城外庙，看街景、杀人场面，涨水时看热闹 说明与反思：回顾是巩固，也是对学习的一种唤醒和对目标的进一步明确	巩固起点能力

续上表

教学事件	教学活动及策略	评析
三、学习新知	探讨逃学与成功的关系 逃学对沈从文有哪些影响？（可以用文中直接表示的句子） ①同一切自然相亲近，学会用自己的眼睛看世界的一切。形成了一生性格与感情的基础。 ②水，使我认识美、学会思索，造就了我感情流动而不凝固。 ③使我不安于当前事务却倾心于现世光色，对于一切成例与观念皆十分怀疑，却常常为人生远景凝眸。 ④我就欢喜看这些东西，一面看一面明白了很多事情。我对于这一行手艺所明白的种种，现在说来似乎比写字还在行。日子一多，关于任何一件铁器的制造过程，我也不会弄错了。 ⑤在我面前的世界已够宽广了，但我似乎还得一个更宽广的世界。我得用这方面得到的知识证明那方面的疑问。我得从比较中知道谁好谁坏。我得看许多业已由于好询问别人，以及好自己幻想所感觉到的世界上的新鲜事情新鲜东西。 ……逃学生活满足孩子的好奇心，教他学会用眼去看、用耳去听；遵守规则（藏书篮）；培养想象力（逃学失败受罚）；了解书本外的事情，学会观察、专注；不计较结果（斗蟋蟀）…… *说明与反思：此环节让学生自由畅谈，可以用自己的话，也可以用文中的话。分析评价策略，从认识传主的形象性格到认识成因，由形象思维到逻辑思维*	这个阶段是教学的重点时段
四、归纳、总结	逃学的生活，留给了沈从文一段美好的回忆，甚至对他的一生都有着深远的影响。在逃学对外界生活的探寻过程中，培养了观察力和想象力，激发了强烈的求知欲，学会思考、认识美，体验了生命的本真和快乐，增加了阅历，开阔了视野，小小心灵变得越来越充实。这种生活也形成了他一生性格和感情的基础。	师生共同归纳出学习的规则

教学事件	教学活动及策略	评析
	至此，我们明确了这一小节标题为"我读一本小书同时又读一本大书"，这本"小书"指的是课本知识，"大书"指的是生机盎然的大自然与奇人趣事的社会生活。 说明与反思：明确小书大书所指，并在归纳中引导学生加深对沈从文逃学经历的认识	
五、变式练习	上课前的一个星期布置学习任务：以寝室为单位开展研究性学习，了解沈从文的人生经历，研究其代表作品，结合《我读一本小书同时又读一本大书》，在课堂上做汇报交流，更全面更深入地认识传主，体会沈从文童年的逃学生活对他以后的文学创作产生的影响。 如沈从文追求自由，又很固执，作品遵从内心不依从主流；他既有坚持个人生命价值的本真性的执拗，又有家国情怀的九死不悔；活在自己世界的沈从文，活在边城中…… 说明与反思：在表达交流、探究活动中运用联想，加深对文学形象的理解，有逻辑地表达自己的观点，增强思维的深刻性、独创性	运用规则策略性知识
六、作业检测	推荐阅读沈从文的《边城》《从文自传》，写读书笔记。 说明与反思：巩固所学，督促学生迁移，培养鉴赏品评的能力	检测、反馈

附1：

伟大的人民音乐家冼星海
李岚清

①冼星海祖籍广东番禺，1905年6月13日出生于澳门。1925年他到北京，进入国立艺术专门学校音乐系，1928年到上海国立音乐院学习，因参加学潮而被迫退学。靠朋友的帮助和在船上做苦工，他于1929年到达法国巴黎学习音乐，靠在餐厅等处做杂役维持生活，失过十几次业，饿饭，找不到住处，甚至只得提了提琴到咖啡馆、大餐馆中去拉奏讨钱。在这样痛苦生活的煎熬中，冼星海坚持学习，并成功地创作了《风》，得到老师们的赞誉，考入巴黎音乐学院著名的肖拉·康托鲁姆作曲班，并获得了荣誉奖。学校要给他物质奖励，问他要什么，他的回答是："要饭票"。

②1935年秋，冼星海结束在法国的五年学习生活，回到上海。当时，日本帝国主

续上表

义侵占我国东北后，正把侵略的战火燃向华北，中华民族面临生死存亡的严峻关头。冼星海用音乐作武器，投身到抗日救亡运动中去，创作了《我们要抵抗》、《救国军歌》、《保卫卢沟桥》、《到敌人后方去》等抗战救亡歌曲，在群众中广为传唱。他得知教育家陶行知在上海郊区为贫苦孩子办了"山海工学团"，便定期去该团做辅导，教唱救亡歌曲。他还深入到学校、农村、厂矿、部队去推广、辅导群众歌咏，有力地推动了当时的救亡歌咏运动。

③正当他注意"向着光明的、有希望的"延安情况时，延安鲁迅艺术学院寄来音乐系全体师生签名给他的聘书，又给他来了两次电报。这样，他于1938年11月到达延安，受聘在鲁迅艺术学院音乐系任教，并于1939年6月加入了中国共产党。当时延安的音乐教学设施和条件很差，但抗日根据地人民的思想风貌、斗争意志，丰富的民间音乐素材，却激发起冼星海高涨的教学和创作热情。他十分重视对民间音乐的学习和研究，热心群众的音乐文化生活，延安的山山水水、沟沟坎坎，都留下了他辛勤奔走的足迹。他讲课深入浅出，生动活泼。有一次晚间上课，讲到深夜，本该休息了，但学员们听得很入神，毫无倦意，要求他继续讲下去，于是他一直讲到天亮。在这里，他创作了《黄河大合唱》、《生产大合唱》、《九一八大合唱》等大型声乐套曲，还创作了《反攻》等歌曲，在全国产生了巨大影响。

④《黄河大合唱》是冼星海最杰出的代表作。1939年初诗人光未然创作了《黄河吟》，冼星海听完朗诵后，一把将诗稿抓在手里，激动不已地说："这是一部中华民族的史诗，我要把它写成一部代表中华民族伟大气魄的大合唱。"拿到歌词后，他收集创作素材，多次要求人们讲述渡黄河的情景和感受，对很多细节都再三追问，还去学唱船工号子。3月31日，《黄河大合唱》的八首歌曲完成了。冼星海亲自指挥"鲁艺"的学员排练，1939年5月11日，在庆祝"鲁迅艺术学院一周年纪念音乐晚会"上，冼星海指挥100余人的鲁艺合唱团，成功地演出了《黄河大合唱》。演出结束后，毛泽东等领导人都站起来热烈鼓掌，感动地连声说好。《黄河大合唱》将文学与音乐完美结合，融声乐、器乐、文学于一体，雄壮而激奋，成为时代的强音、民族的心声，震撼着神州大地，是一部高度概括抗日战争年代中国人民反帝斗争的里程碑式作品，具有极强的艺术感染力和震撼力，不仅受到延安军民广泛的赞扬和欢迎，而且迅速传播到包括国统区在内的各个战区，进而蜚声海外，逐渐在美国、加拿大、缅甸、印度、新加坡、马来西亚以及苏联等地广泛演唱，成为我国最早在国际上产生较大影响的音乐作品。

⑤1945年10月30日冼星海在莫斯科病逝。当年11月14日，在延安为他举行了隆重的追悼会，毛泽东同志亲笔写了挽悼："为人民的音乐家冼星海同志致哀！"

【问题】本文在追述冼星海的往事过程中运用了一些细节，举例说说这些细节的写法体现了传记什么样的特色，加以赏析评价。

附2：

北岛访谈录

北岛（当代诗人、作家）　林思浩（出版人，任职香港牛津大学出版社）

林思浩：你的新书《城门开》写的是北京记忆，其中有没有用文字"修复"一座"被毁掉"城市的心意？

北岛：与其说是用文字"修复"，不如说是"哀悼"。我是即将消失的北京的最后见证人之一。我猜想，一个1990年代出生的孩子，大概认为北京就是现在这样，天经地义，一个古城只是谣传而已。其实根本不止北京如此。前几年去过我的祖籍地绍兴，那是我头一次回老家，失望至极。哪儿还有鲁迅笔下的那种韵味儿？就连鲁迅故居都像是仿造的。我认为，不仅我这样的异乡人在自己故乡迷失了，所有不聋不傻的中国人全都在自己故乡迷失了。

林思浩：中国文化史上也有一些用回忆来复原文化名城的例子，一代文物的倾毁反而成就了文学的不朽，文学又反过来令文物增添了传奇的吸引力。你怎样看待这种关系？

北岛：我既没有文学不朽的野心，也没有考古热情，何况北京作为城市算不上什么文物，人们至今还住在其中。我只是希望我们从紧迫的节奏中停下来，哪怕片刻也好，反观我们的生活，看看在所谓现代化的进程中，我们到底失去了什么。写此书的另一个目的，是借助文字追溯我的童年和青少年，我生命的开始，很多事都是在那时形成或被注定的。

林思浩：你在写作《城门开》时是否想过在北京这座城市和您的生活间做一区分？哪一部分更令您着迷？

北岛：就我的成长经验而言，城市与人事是不可分割的，有某种镜像关系。在这个意义上，我并没有刻意写城市，而所有大小事件都折射出城市的变迁。至于说哪一部分最让我着迷？细节。正是个人的可感性细节，如同砖瓦，让我在纸上重建一座城市。

林思浩：光和影，味道和声音，你一开始三篇写的这些显然都是难以言传的细微之物，这些能说是悠长岁月仍留在你身上的感受吗？这种感受对你接下来写到的人物和情节发挥的作用大吗？

北岛：我们生活在一个没有细节的时代，意识形态化、商业化和娱乐化正从人们的生活中删除细节。我在大学教散文写作，让学生写写他们的童年，发现几乎没人会写细节。这是非常可怕的。没有细节就没有记忆，而细节是非常个人化的，是与人的感官紧密相连的。正是属于个人的可感性细节，才会构成我们所说的历史的质感。如果说写作是唤醒记忆的过程，那么首先要唤醒的是人的各种感官。以这三篇开头，是为了让感官充满开放，甚至强化放大，这是我的记忆之城的基础。

林思浩：用文字重建一座城市，你这个文字北京城的结构是什么样的呢？也即是说全书的篇章是怎样铺排的？

续上表

北岛：这是个很有意思的问题。北京城的结构和汉字的结构有共同之处，比如横平竖直、封闭性。老北京过去叫四九城，"四"指城墙，即外城、内城、皇城、紫禁城，"九"为内城的九个城门，与汉字的结构不谋而合。至于全书的篇章铺排，并不是按线性时间展开的，每章可独立成篇，自成系统，很像汉字或北京四合院，彼此呼应，在互相勾连拼接中产生更深的含义。

（选自 2010 年 10 月 1 日《南方周末》，有删改）

第六节　科学取向的"导教"策略研究与课例——戏剧

戏剧，指以语言、动作、舞蹈、音乐、木偶等形式达到叙事目的的舞台表演艺术的总称。文学上的戏剧概念是指为戏剧表演所创作的脚本，即剧本。戏剧的表演形式多种多样，常见的包括话剧、歌剧、舞剧、音乐剧、木偶戏等。戏剧是由演员扮演角色在舞台上当众表演故事的一种综合艺术。

戏剧的特点主要有三个方面：一是空间和时间要高度集中。二是反映现实生活的矛盾要尖锐突出。三是剧本的语言要表现人物性格。戏剧的这三大特点也决定了戏剧的三个重要因素就是：矛盾冲突、人物和语言。戏剧单元教学的重点都必须围绕着这三要素展开。抓住了矛盾冲突，便能理清戏剧中人物之间的关系。抓住了戏剧中的人物，便能理解整部剧所要表达的主题。而话剧语言，尤其是人物之间的台词更能反映人物的个性特点。这三要素相互依存又相互影响，戏剧的教学的过程，在一定程度上就可以看作是戏剧三要素的分析和鉴赏的过程。

一、科学取向的"导教"策略研究——戏剧

基于以上戏剧文体的特征，戏剧的教学便应该紧紧围绕着三要素展开。下面举例说明。

《雷雨》的课例主要是分析戏剧三要素之一的矛盾冲突。教学策略主要分为三个步骤：第一步是重点分析周朴园与鲁侍萍之间的矛盾冲突，从剧本中最关键的矛盾冲突入手，有助于教师在教学的过程中抓住主要人物关系，方便理清后续其他人物之间的关系。第二步是通过讨论的形式，以四人小组

为单位分析剧本中其他三组矛盾冲突。教师在这个环节应该将课堂的主动权交还给学生，因为在上一个环节的引导分析中，学生应该已经基本掌握了通过台词分析矛盾冲突的方法，四人小组讨论的方式简单易行，既可以让每个学生表达出自己的看法，还可以接受同伴的评价。教师更可以一方面从讨论中检查学生的掌握情况，另一方面从学生的讨论中总结出剧本中其他三组矛盾冲突。第三步是进一步分析周朴园与鲁侍萍之间矛盾冲突的根源。戏剧中所存在的矛盾冲突一定有其背后的根本原因，这也是与戏剧的主题息息相关的。在最后的作业布置环节中，为了巩固所教内容，也可以要求学生用小论文的形式展示鲁四凤在剧中丰富的矛盾冲突，并揭示其冲突根源。总之，抓住了戏剧中的矛盾冲突，从三个步骤入手，便可以培养学生思维品质的深刻性，就是能由此及彼，由表及里，由果溯因，透过现象看本质，把握事物规律性。

戏剧三要素之二的人物语言主要通过课例《哈姆莱特》来呈现，教学策略是由人物语言的三个特点来区分的。第一个特点：丰富的潜台词（语言的表层意思之内还含有别的不愿说或不便说的意思）。教师在前期的备课过程中便需要对人物语言进行深入分析，精心挑选出几句特别意味深长的话，结合人物的个性特点和语言环境，在课堂上分析出人物的言下之意。第二个特点：高度的个性化（语言成为人物个性、性格、心理的声音外化）。戏剧由于其特殊的文体特点，人物的个性几乎都由人物的语言来呈现，所以人物在剧中的寥寥数语便能将自己的个性、性格和复杂的人物心理活动——呈现。教师要以某一个或某几个特定的人物为蓝本，来带领学生从人物语言中概括出人物的个性化。第三个特点：富于动作性（人物语言流向起着推动或暗示故事情节发展的作用）。不同于其他文体，戏剧故事情节的发展也需要人物语言的流动来起着推动或暗示的作用，而且大多时候只会暗示，这一点学生领悟起来是比较吃力的。主要还是依赖教师在课堂上通过例句展示来呈现人物语言的这个特点。课后最好让学生进行大量的戏剧名篇阅读，从而慢慢体悟和感受人物语言的这三大特点。这种教学策略能训练学生运用基本的语言规律和逻辑规则分析、判别语言，提高学生的思维能力。

戏剧三要素的最后一个要素便是人物。课例《窦娥冤》中的正旦窦娥和《哈姆莱特》的主角哈姆莱特，便向我们呈现出两种不同的分析戏剧中人物形象的策略。《窦娥冤》是传统的中国戏剧，戏剧中的故事情节比较简单，塑造人物形象的方式多是依靠旁白和唱词，元代杂剧中的旁白比较浅显易懂，教师的课堂重点应该放在学生比较难理解的唱词部分。而剧中窦娥的唱词又恰好表现出人物的善良孝顺、重情重义、恪守本分、相信命运却又不甘命运的丰富的人物形象。人物形象是戏剧中一个最重要的元素，教师也应该将此作为课堂教学的关键环节。对于莎士比亚四大悲剧之一的《哈姆莱特》，由于时代和国别的隔阂，学生理解哈姆莱特这个人物形象不免有一些困难。哈姆莱特人物的悲剧性是多方面的，小组分工、共同合作是一个化整为零的好办法，每个小组只需要从故事情节、人物命运、人物内心和社会背景四个方面中选择一个方面进行讨论，将讨论结果呈现在黑板上。这样既有利于小组之间的互相学习，也更高效地完成了全方位分析哈姆莱特人物形象的任务。学生的思维既能从宏观出发，多方面掌握人物形象；又能从微观入手，深入分析人物语言中所体现的人物形象。这也是对学生思维品质的灵活性提出的一个高的要求，灵活性就是能根据实际情况采用恰当的方式方法，并能根据变化及时做出调整或变通。

戏剧的三要素是相互依存又相互影响的，建议在教学的过程中，从戏剧的文本特征出发，每篇戏剧都把一个要素作为教学的重点，按照一定的教学策略，紧扣戏剧的文本特征，进行科学的教学。而教师立足于戏剧文体特征进行教学，展开戏剧鉴赏的"专业化思维"，同时也有利于培养学生严谨深刻的"专业化"思维。也建议在整个戏剧单元的教学中，有所权衡和侧重，矛盾冲突、人物和语言这三个要素都在所教授的篇目中一一呈现，全面展示戏剧文本特征的特质。

二、科学取向的"导教"课例——戏剧

1. 课例一：《雷雨》

《雷雨》教学设计见表 3-19。

表 3-19　《雷雨》教学设计

课题：　雷雨
设计与执教：广东实验中学　彭吉思　　　学生年级：高一
学习目标： 1. 了解话剧的基本特点，学会欣赏中国话剧。 2. 学会分析话剧中的矛盾冲突，感受人物的不同个性。 3. 学会通过分析矛盾冲突的方法，来帮助理解话剧的主题。

学习结果类型与学习条件分析：属于高级技能学习。

所需要的条件是：

1. 学生了解戏剧的基本知识并具有学习戏剧的动机。

2. 多媒体演示设备。

3. 曹禺的个人资料和剧本《雷雨》。

起点能力：

1. 学生对剧本和话剧演出有一定的认识和了解。

2. 学生具备一定的分析语言材料和语言表达能力。

3. 学生具备一定的逻辑思辨能力。

学生能力结构分析：

终点目标

学会通过分析矛盾冲突的方法，来帮助理解话剧的主题。

通过剧中矛盾冲突的分析，感受人物的不同个性。

1. 学生对剧本和话剧演出有一定的认识和了解。
2. 学生具备一定的分析语言材料能力和语言表达能力。
3. 学生具备一定的逻辑思辨能力。

起点能力

课堂教学过程：

课时： 第二课时

教学事件	教学活动及策略	评析
一、激发学习动机	鲁侍萍的扮演者——北京人艺的青年演员朱琳在最初排演《雷雨》时说："鲁侍萍没有骨气，换了我，转身就走。为什么还要叫周朴园认出自己来呢？" 说明与反思：通过鲁侍萍究竟有没有骨气作为话题，引导学生深入分析剧本的兴趣	补充一些有趣材料，激发学生兴趣
二、回忆已知	1. 《雷雨》的课文节选部分主要矛盾是存在于哪两个人之间？ 2. 剧中的鲁侍萍与周朴园是什么关系？ 说明与反思：通过分析剧中人物之间的关系，找出剧本中最主要的矛盾冲突	巩固起点能力

第三章 不同文体的「导教」策略研究与课例

续上表

教学事件	教学活动及策略	评析
三、学习新知	1．精读课文的台词，重点分析周朴园与鲁侍萍之间的矛盾冲突。 ①矛盾冲突的开始：一方是薄情寡义的负心汉。另一方是心怀怨恨却相信宿命论的封建妇女。 ②矛盾冲突的加强：一方展现出赤裸裸的金钱利诱。另一方却完全不为所动。 ③矛盾冲突的巅峰：随着侍萍撕碎支票的动作，两人曾经的感情纠葛也暂时画上了句号。 2．讨论，以四人小组为单位分析其他三组矛盾冲突。 周朴园与鲁大海：一方是丧失良知、大肆剥削工人的资本家，另一方是站在工人阶级立场的罢工领导。阶级利益的不同，势必产生强烈的戏剧冲突。 周萍与鲁大海：虽然是亲兄弟，但是由于处在不同的阶级立场，对于父亲的维护，对于阶级利益的坚守，使得周萍无法容忍鲁大海的一言一行。 周朴园与周冲：周冲说出来的"公平"一词体现出受到新民主主义思想启蒙的一代对封建剥削制度的挑战与质疑。 3．进一步分析：鲁侍萍并不是没有骨气？那她和周朴园之间矛盾冲突的根源是什么？ 与后三组矛盾一样，在感情纠葛的面纱下，鲁侍萍与周朴园之间也隐藏着深刻的阶级矛盾。一个是周公馆的大少爷，另一个是伺候少爷的下人，两人巨大的阶级落差，不管是上层阶级的家庭，还是封建社会都难以接受。所以当年两人根本不可能有情人终成眷属。三十年后，侍萍也明白身为少爷的周萍也根本无法接受她这位身份低微的母亲。 说明与反思：通过抓住戏剧三要素之一的"矛盾冲突"，能够让学生更快地筛选出剧本中的有用信息，帮助理解剧本的魅力	这个阶段是教学的重点时段
四、归纳、总结	学生需要先抓住剧中的主要矛盾，再从主要矛盾着手，来分析其他人物之间的关系。 说明与反思：学生通过对剧本中几组矛盾冲突的分析，不仅把握了话剧的主题，而且对人物的个性有了深刻的体会	师生共同归纳出学习的规则

续上表

教学事件	教学活动及策略	评析
五、变式练习	1. 哈姆莱特与叔父克劳狄斯的矛盾冲突可以分为哪四个阶段？ 在《哈姆莱特》这部剧中，最大的矛盾冲突就表现在哈姆莱特与克劳狄斯之间。在戏中戏的部分，克劳狄斯在观看《捕鼠计》的过程中所表现出的反常举动，让哈姆莱特确定了国王的恶行，这个部分为矛盾冲突的发生阶段；克劳狄斯试图借出国之名，暗中杀死哈姆莱特，被其识破后设计逃脱，为矛盾冲突的发展阶段；在剧本的最后比剑部分，哈姆莱特在众人面前揭露出克劳狄斯的罪行，并刺向他时，为矛盾冲突的高潮阶段。只有把握了这对全剧中最大的矛盾冲突，剧本中的人物关系才可以基本理清。 2. 两人之间的冲突，如何影响着哈姆莱特与霍拉旭、奥斯里克和雷欧提斯之间的关系？ 吉尔登斯和罗森格兰兹两人本来是哈姆莱特的朋友，但是后来却成为国王的帮凶，所以他俩与哈姆莱特之间必然就存在矛盾冲突。奥斯里克是一个阿谀奉承的小人，他是国王忠实的奴仆，他与哈姆莱特之间也必然存在矛盾冲突。雷欧提斯的父亲波洛涅斯被哈姆莱特误杀，妹妹奥菲利亚受打击后溺水身亡，都与哈姆莱特的复仇行动有关，所以哈姆莱特与雷欧提斯之间也存在着矛盾冲突。抓住剧本中最主要的矛盾冲突，便可以理清剧中的其他人物的关系。 说明与反思：通过抓住剧中主要的矛盾冲突，便可以逐个分析主人公与其他人物之间的关系	运用规则策略性知识
六、作业检测	布置学生读《雷雨》的全剧，以小论文的形式展现鲁四凤在剧本中丰富的矛盾冲突，并揭示冲突的根源。 说明与反思：巩固所学知识，并考查学生的迁移能力	检测、反馈

2. 课例二:《哈姆莱特》

《哈姆莱特》教学设计见表 3-20。

表 3-20 《哈姆莱特》教学设计

课题: 哈姆莱特

设计与执教:广东实验中学 彭吉思 学生年级:高一

学习目标:

   1. 了解话剧的基本特点,学会欣赏外国话剧。

   2. 明确剧本中人物语言的主要特点,感受台词的独特性。

   3. 学生通过揣摩台词,进行舞台展示,领略话剧的魅力。

学习结果类型与学习条件分析:属于高级技能学习。

   所需要的条件是:

   1. 学生具有进一步深入学习戏剧的动机。

   2. 多媒体演示设备。

   3. 莎士比亚的个人资料和剧本《哈姆莱特》。

起点能力:

   1. 学生对剧本和话剧演出有一定的认识和了解。

   2. 学生具备一定的分析语言材料和语言表达能力。

   3. 学生具备一定的逻辑思辨能力。

学生能力结构分析:

终点目标

学生通过揣摩话剧台词,进行舞台展示,领略话剧的魅力。

明确剧本中人物语言的主要特点,感受台词的独特性。

1. 学生对剧本和话剧演出有一定的认识和了解。
2. 学生具备一定的分析语言材料和语言表达能力。
3. 学生具备一定的逻辑思辨能力。

起点能力

课堂教学过程：

课时： 第三课时

教学事件	教学活动及策略	评析
一、激发学习动机	生存还是毁灭，这是一个问题。究竟哪样更高贵，去忍受那狂暴的命运无情的摧残，还是挺身去反抗那无边的烦恼，把它扫一个干净。 　　　　　　——哈姆莱特（内心独白） 　　说明与反思：用哈姆莱特的著名台词做导入，不仅激发了学生的兴趣，也暗示着人物的悲剧性	补充一些有趣材料，激发学生兴趣
二、回忆已知	1. 分角色诵读第五幕第二场——城堡中的厅堂，哈姆莱特与霍拉旭的对话部分，体会哈姆莱特语言的特点。 　　2. 分析学生觉得难以理解的词语或句子。 　　当时我的心里有一种战争。 　　无论我们怎样辛苦图谋，我们的结果却早已有一种冥冥中的力量把它布置好了。 　　我既然感觉到危机四伏。 　　…… 　　说明与反思：《哈姆莱特》的人物对话有很多深意，希望学生能认真鉴赏	巩固起点能力
三、学习新知	1. 人物语言的特点之一：丰富的潜台词（语言的表层意思之内还含有别的不愿说或不便说的意思） 　　在第五幕第二场中，哈姆莱特在与霍拉旭的对话中提到"可是我很后悔，好霍拉旭，不该在雷欧提斯之前失去了自制；因为他所遭遇的惨痛，正是我自己的怨愤的影子。我要取得他的好感。可是他倘不是那样夸大他的悲哀，我决不会动起那么大的火性来的。"表面上是哈姆莱特在表达自己不愿与雷欧提斯比剑的意愿，实际上是在剖析自己内心所承受的巨大的苦痛。 　　2. 人物语言的特点之二：高度的个性化（语言成为人物个性、性格、心里的声音外化） 　　第五幕第二场中，被哈姆莱特称为"水苍蝇"的奥斯里克出场之后，人物的语言不多，却极具个性化，将他阿谀奉承和贪婪自私的本性暴露无遗。如他夸奖雷欧提斯"相信我，	这个阶段是教学的重点时段

续上表

教学事件	教学活动及策略	评析
	他是一位完善的绅士，充满着最卓越的特点，他的态度非常温雅，他的仪表非常英俊；说一句发自衷心的话，他是上流社会的指南针，因为在他身上可以找到一个绅士所应有的品质的总汇"。在谈到比剑要用到的两种武器时，他的注意力却集中在武器的精致华美上。"在他的一方面，照我所知道的，押的是六柄法国的宝剑和好刀，连同一切鞘带钩子之类的附件，其中有三柄的悬链尤其珍奇可爱，跟剑柄配得非常合适，式样非常精致，花纹非常富丽。"通过人物的语言，能够将人物的个性特点、心理活动都展现出来，这就是话剧语言的魅力所在。 　　3. 人物语言的特点之三：富于动作性（人物语言流向起着推动或暗示故事情节发展的作用） 　　在第五幕第二场中，哈姆莱特忠诚的朋友霍拉旭知道他并不想与雷欧提斯比剑，从而劝他不参加比赛时。哈姆莱特用一种比喻的手法说明了这一切都是命中注定的。"注定在今天，就不会是明天；不是明天，就是今天"这一段对话，既揭示了比剑的势在必行，也推动了故事情节比剑部分的到来。 　　说明与反思：通过剧本中的台词的分析，能够更好地掌握人物语言的三个特点	
四、归纳、总结	学生在对话剧的矛盾冲突有了准确的把握之后，便应该对话剧的台词进行深入分析，体会话剧中人物语言的三大特点。 　　说明与反思：话剧中人物语言有丰富的潜台词、高度的个性化和富于动作性，掌握这三大特点能够帮助学生更好地理解话剧人物形象，明确话剧主题	师生共同归纳出学习的规则
五、变式练习	先分析台词，演绎三个小的片段： ①丰富的潜台词。 周朴园（惊愕）　梅花？ 鲁侍萍　旁边还绣着一个萍字。（表面是陈述事实，实际是在委婉表明身份） 周朴园（徐徐立起）　哦，你，你，你是——	运用规则策略性知识

教学事件	教学活动及策略	评析
	鲁侍萍　我是从前伺候过老爷的下人。 周朴园　哦，侍萍！（低声）是你？ 　　鲁侍萍　你自然想不到，侍萍的相貌有一天也会老得连你都不认识了。（表面是感叹青春易逝，实际是表达岁月无情，物是人非。） 　　②高度的个性化。 　　鲁侍萍　哦，你以为我会哭哭啼啼地叫他认母亲么？我不会那样傻的。我明白他的地位，他的教育，不容他承认这样的母亲。这些年我也学乖了，我只想看看他，他究竟是我生的孩子。你不要怕，我就是告诉他，白白地增加他的烦恼，他也是不愿意认我的。（生活的磨难教会了侍萍很多道理，台词也表现出侍萍隐忍、坚强的性格。） 　　周朴园　那么，我们就这样解决了。我叫他下来，你看一看他，以后鲁家的人永远不许再到周家来。（不希望侍萍的存在对自己的身份、地位造成威胁，表现了周朴园自私、冷漠的性格特点。） 　　鲁侍萍　好，我希望这一生不要再见你。 　　③富于动作性。 　　周朴园（厉声）　不要打人！ 　　鲁大海（挣扎）　放开我，你们这一群强盗！ 　　周萍（向仆人们）　把他拉下去！（激化了人物之间的矛盾冲突，推动了后面情节的发展，侍萍几乎将真相脱口而出。） 　　鲁侍萍（大哭）　这真是一群强盗！（走至周萍面前）你是萍，……凭——凭什么打我的儿子？ 　　周萍　你是谁？ 　　鲁侍萍　我是你的——你打的这个人的妈。（侍萍强忍悲痛，掩饰身份的话，预示着矛盾冲突暂时告一段落。） 　　鲁大海　妈，别理这东西，小心吃了他们的亏。 　　鲁侍萍（呆呆地望着周萍的脸，又哭起来）　大海，走吧！我们走吧！ 　　说明与反思：学生掌握了话剧人物语言的三个特点，因此对这三组台词中人物的情感表达也会有所领悟，从而能对剧本进行更好的演绎	

续上表

教学事件	教学活动及策略	评析
六、作业检测	阅读与思考：比较阅读莎士比亚的其他三大悲剧《麦克白》《李尔王》《奥赛罗》，体会其中人物语言方面的特色。 说明与反思：巩固所学知识，并考查学生的迁移能力	检测、反馈

3. 课例三：《窦娥冤》

《窦娥冤》教学设计见表 3–21。

表 3–21　《窦娥冤》教学设计

课题：　<u>窦娥冤</u>

设计与执教：广东实验中学　彭吉思　　学生年级：高一

学习目标：

1. 了解元代戏曲的基本特点，学会欣赏中国古典戏剧。

2. 通过曲词的学习，明确剧本中主要人物的个性特点。

3. 通过戏剧中人物形象的分析，考查学生的自主鉴赏能力。

学习结果类型与学习条件分析： 属于高级技能学习。

所需要的条件是：

1. 学生具有进一步深入学习戏剧的动机。

2. 多媒体演示设备。

3. 关汉卿的个人资料和剧本《感天动地窦娥冤》。

起点能力：

1. 学生对剧本和话剧演出有一定的认识和了解。

2. 学生具备一定的分析语言材料能力和语言表达能力。

3. 学生具备一定的逻辑思辨能力。

学生能力结构分析：

终点目标

通过戏剧中人物形象的分析，考查学生的自主鉴赏能力。

通过曲词的学习，明确剧本中主要人物的个性特点。

1. 学生对剧本和话剧演出有一定的认识和了解。

2. 学生具备一定的分析语言材料能力和语言表达能力。

3. 学生具备一定的逻辑思辨能力。

起点能力

课堂教学过程：

课时：　第二课时

教学事件	教学活动及策略	评析
一、激发学习动机	播放《窦娥冤》的视频资料，引导学生对全剧有一个整体的认识。 　　说明与反思：由于元代戏剧离学生生活的时代比较久远，语言方面也存在隔阂，用学生喜爱的视频资料呈现，比较容易激发学生学习本剧的兴趣	补充一些有趣材料，激发学生兴趣
二、回忆已知	1.用一句话概括楔子第一折、第二折、第三折的主要内容。 　　2.回顾曲词的两个特点：抒情性强，反复渲染人物的感情；朴素本色，贴合人物的性格和处境。 　　说明与反思：概括主要内容和回顾曲词特点，都有利于接下来对剧中人物的分析	巩固起点能力
三、学习新知	元杂剧的宾白部分比较朴素通俗，本剧的唱词由正旦一人主唱，下面按不同的曲牌内容来分析窦娥的人物形象。 　　【混江龙】则问那黄昏白昼，两般儿忘餐废寝几时休？大都来昨宵梦里，和着这今日心头。催人泪的是锦烂熳花枝横闼，断人肠的是剔团圞月色挂妆楼。长则是急煎煎按不住意中焦，闷沉沉展不彻眉间皱，越觉得情怀冗冗，心绪悠悠。 　　催人泪、断人肠、急煎煎、闷沉沉、情怀冗冗、心绪悠悠，这些词语都表现出窦娥是一个重情重义的女子，也是一个命运十分坎坷的女子。 　　【油葫芦】莫不是八字儿该载着一世忧？谁似我无尽头！须知道人心不似水长流。 　　对于自己凄苦的身世，年轻守寡的窦娥以为这是命中注定的。	这个阶段是教学的重点时段

续上表

教学事件	教学活动及策略	评析
	【天下乐】莫不是前世里烧香不到头，今夜波生招祸尤？劝今人早将来世修。我将这婆伺养，我将这服孝守，我言词须应口。 为了来世的幸福，她要伺养婆婆，为丈夫服孝，听婆婆使唤，从这里可以看出她的善良与安分。 【后庭花】避凶神要择好日头，拜家堂要将香火修。梳着个霜雪般白鬏髻，怎将这云霞般锦帕兜？怪不得"女大不中留"。你如今六旬左右，可不道中年万事休！旧恩爱一笔勾，新夫妻两意投，枉教人笑破口！ 这段对婆婆再嫁的劝阻，体现了窦娥的安守本分和重情重义。 【黄忠尾】我做了个衔冤负屈没头鬼，怎肯便放了你好色荒淫漏面贼！想人心不可欺，冤枉事天地知，争到头，竟到底，到如今待怎的？情愿认药杀公公，与了招罪。婆婆也，我若是不死呵，如何救得你？ 不仅看出窦娥的无奈，对婆婆的深厚感情，也从她的誓词中看出反抗精神。 【滚绣球】有日月朝暮悬，有鬼神掌着生死权。天地也！只合把清浊分辨，可怎生糊突了盗跖、颜渊？为善的受贫穷更命短，造恶的享富贵又寿延。天地也！做得个怕硬欺软，却原来也这般顺水推船！地也，你不分好歹何为地！天也，你错勘贤愚枉做天！哎，只落得两泪涟涟。 受刑时，她埋怨、质疑、责骂天地。对于封建社会没有什么见识的妇女看来，"天地"包含有王法、官府、天理、公道等意思。她表面上是在斥骂天地，实际上是对一整套用以维护人心、统治百姓的封建秩序的怀疑和斥骂，还是体现了她思想一定程度上的先进性	
四、归纳、总结	学生对于剧中主要人物进行深入的分析，能够更好地体会人物的个性特点，也能更加明确话剧主题。 说明与反思：元代戏曲中的唱词部分是学生理解的难点，也是教学的重点，对于塑造人物的形象是一个不可或缺的组成部分	师生共同归纳出学习的规则

教学事件	教学活动及策略	评析
五、变式练习	话剧人物形象探讨：哈姆莱特的悲剧性 形式：分为四个大组，每组从故事情节、人物命运、人物内心和社会背景四个方面任选一个方面进行概括，并且派一位小组成员将答案抄写在黑板上。 ①故事情节。 故事的结局极具悲剧性：克劳狄斯（国王）、乔特鲁德（王后）、哈姆莱特（王子）和雷欧提斯皆死。 ②人物命运。 哈姆莱特在剧中曾说道："他杀死了我的父王，奸污了我的母亲，篡夺了我嗣位的权利，用这种诡计谋害我的生命……"揭示了哈姆莱特的命运：父死母改嫁仇人、弑父夺权、遭人陷害、众叛亲离。 ③人物内心。 哈姆莱特听了鬼魂的话，又设计了戏中戏，证实了鬼魂的话是真的，明白了真相之后，却苦于没有机会复仇，为了生存只能装疯卖傻，满口胡言乱语，内心极其煎熬。 ④社会背景。 哈姆莱特是文艺复兴时期人文主义的典型形象，深刻反映了先进的人文主义理想与英国黑暗现实尖锐复杂的矛盾。对哈姆莱特命运的反思，也是对当代文艺复兴时期社会背景的反思。主人公最后的结局，则是整个时代发展的必然趋势，其个人的牺牲也是作品发展的最终结局。 说明与反思：作为四大悲剧之一的《哈姆莱特》，其主题的悲剧性应该进行深入的讨论分析，这也是对戏剧三要素的一个总结	运用规则策略性知识
六、作业检测	阅读与思考：阅读王实甫的《西厢记》，分析崔莺莺或张生的人物形象。 说明与反思：巩固所学知识，并考查学生的迁移能力	检测、反馈

4. 课例四：《玩偶之家》

《玩偶之家》教学设计见表 3-22。

表 3-22　《玩偶之家》教学设计

课题：　玩偶之家

设计与执教：广东实验中学　彭吉思　学生年级：高一

学习目标：

1. 了解国外喜剧的基本特点，学会欣赏国外经典戏剧。

2. 通过剧本的学习，明确剧本中主要人物的个性特点。

3. 通过戏剧中人物形象的分析，考查学生的自主鉴赏能力。

学习结果类型与学习条件分析：属于高级技能学习。

所需要的条件是：

1. 学生具有进一步深入学习戏剧的动机。

2. 多媒体演示设备。

3. 易卜生的个人资料和剧本《玩偶之家》。

起点能力：

1. 学生对剧本和话剧演出有一定的认识和了解。

2. 学生具备一定的分析语言材料和语言表达能力。

3. 学生具备一定的逻辑思辨能力。

学生能力结构分析：

终点目标

通过戏剧中人物形象的分析，考查学生的自主鉴赏能力。

通过剧本的学习，明确剧本中主要人物的个性特点。

1. 学生对剧本和话剧演出有一定的认识和了解。
2. 学生具备一定的分析语言材料能力和语言表达能力。
3. 学生具备一定的逻辑思辨能力。

起点能力

课堂教学过程:		
课时：_第二课时_		
教学事件	教学活动及策略	评析
一、激发学习动机	辩题：爱一个人是否需要倾其所有？ 说明与反思：爱情是一个青少年比较感兴趣的话题，通过对此辩题的争论，引发学生对爱情本质的思考，也有助于展开对剧本中男女主人公形象的分析	补充一些有趣材料，激发学生兴趣
二、回忆已知	1. 以海尔茂看到柯洛克斯泰的信为节点，仔细品味海尔茂和娜拉的对白，体会两人态度的转变。 2. 结合海尔茂对阮克的态度，分析海尔茂的人物性格。 说明与反思：先找出关键的对话，有利于接下来对剧中人物的分析	巩固起点能力
三、学习新知	海尔茂看到柯洛克斯泰的揭发信以前： ①对娜拉的称呼：我的小鸟儿、迷人的小东西、娇滴滴的小宝贝、好宝贝儿、亲宝贝儿。 ②对娜拉"爱"的表白：你看！我让你再跳舞算不错吧？静悄悄的只有咱们两个人，滋味多么好！所以你今天晚上格外惹人爱。我心里好像觉得你是我的新娘子。今天晚上我什么都没想，只是想你一个人。我看见你那么轻巧活泼的身段，我的心也跳得按捺不住了。亲爱的宝贝儿！我总是觉得把你搂得不够紧。娜拉，你知道不知道，我常常盼望有桩危险事情威胁你，好让我拼着命，牺牲一切去救你。不，今晚我不看信，今晚我要陪着你，我的好宝贝儿。 海尔茂看到柯洛克斯泰的揭发信以后： ①对娜拉的称呼：你这坏东西、伪君子、撒谎的人、犯罪的人、一个坏蛋、一个下贱女人。 ②对娜拉的"控诉"：别这么花言巧语的！不用装腔作势给我看，我要你老老实实把事情招出来。你父亲的坏德性你全都沾上了——不信宗教，不讲道德，没有责任心。……你把我一生幸福全都葬送了。我的前途也让你断送了。……就是你死了，我有什么好处？	这个阶段是教学的重点时段

续上表

教学事件	教学活动及策略	评析
	一点儿好处都没有。……人家甚至还会疑惑我是跟你串通一气的……从今以后再说不上什么幸福不幸福，只有想法子怎么挽救、怎么遮盖、怎么维持这个残破的局面。 　　海尔茂看到柯洛克斯泰附赠了借据的信以后： 　　①对娜拉的称呼：受惊的小鸟儿、从鹰爪子底下救出来的小鸽子、可怜的小宝贝 　　②对娜拉的"转变"：现在没人能害你了。只当是做了一场梦。你正像做老婆的应该爱丈夫那样地爱我。只是你没有经验，用错了方法。你只要一心一意依赖我，我会指点你，教导你。你放心，一切事情都有我。我的翅膀宽，可以保护你。只要你老老实实对待我，你的事情都由我做主，都由我指点。 　　海尔茂对待阮克的态度：讨厌！谢谢你从来不肯过门不入。……辛苦了一天！这句话我可不配说。他的痛苦和寂寞比起咱们的幸福好像乌云衬托着太阳，苦乐格外分明。 　　通过海尔茂的态度剧变，可以看出他是一个自以为是、狂妄自大、极度自私、虚伪至极、有极强控制欲的丈夫形象，平时甜言蜜语，一旦触碰到自己的利益，立刻翻脸不认人。在他的心里，娜拉并不是相濡以沫的妻子，而是一个任其摆弄的玩偶。他对待自己的朋友，也没有基本的同情心和礼貌，是一个彻头彻尾的伪君子	
四、归纳、总结	学生对于剧中主要人物进行深入的分析，能够更好地体会人物的个性特点，也能更加明确话剧主题。 　　说明与反思：海尔茂丰富的台词，并且他态度的转变也是教学的重点，对于塑造人物的形象是一个不可或缺的组成部分	师生共同归纳出学习的规则
五、变式练习	1. 海尔茂与娜拉的表层矛盾冲突是什么？ 　　表层的冲突就是伪造签名事件，随着事件的被揭发，两人的矛盾冲突加剧。海尔茂的自私、无情和伪善的一面被展现得一清二楚。而沉浸在虚幻的爱情迷雾里的娜拉遭到了当头棒喝。随着危机的解除，海尔茂又重新披	运用规则策略性知识

教学事件	教学活动及策略	评析
	上了虚情假意的外衣，而当时的娜拉已经不再糊涂了： 　你不了解我，我也到今天晚上才了解你。咱们从来没有在正经事情上头谈过一句正经话。你们何尝真爱过我，你们爱我只是拿我当消遣。事情都归你安排。你爱什么我也爱什么，或者假装爱什么。在这儿我是你的"玩偶老婆"，正像我在家里是我父亲的"玩偶女儿"一样。 　2. 海尔茂与娜拉的深层矛盾是对婚姻的本质有截然不同的认识。 　海尔茂的婚姻观是从自身利益出发对配偶的绝对控制与占有，在当时男权思想主导的社会下，一切被披上了道德与宗教的外衣，以男尊女卑的形式展现夫妻关系。 　娜拉代表的是现代的婚姻观：夫妻双方在共同的世界观、人生观和价值观的领导之下，对对方有信任、支持、尊重、沟通，在两人平等的基础之上愿意牺牲一方的利益来共同抵抗生活的考验。 　说明与反思：通过抓住剧中主要的矛盾冲突，便可以逐个分析主人公与其他人物之间的关系	
六、作业检测	阅读与思考：阅读埃斯库罗斯的《被缚的普罗米修斯》，分析普罗米修斯的人物形象。 　说明与反思：巩固所学知识，并考查学生的迁移能力	检测、反馈

5. 课例五：《茶馆》

《茶馆》教学设计见表3-23。

表3-23 《茶馆》教学设计

课题： **茶馆**
设计与执教：广东实验中学 彭吉思　学生年级：高一
学习目标： 1. 了解话剧的基本特点，学会欣赏中国话剧。 2. 学会分析话剧中的矛盾冲突，感受人物的不同个性。

续上表

3. 学会通过分析矛盾冲突的方法，来帮助理解话剧的主题。

学习结果类型与学习条件分析：属于高级技能学习。

所需要的条件是：

1. 学生具有进一步深入学习戏剧的动机。

2. 多媒体演示设备。

3. 老舍的个人资料和剧本《茶馆》。

起点能力：

1. 学生对剧本和话剧演出有一定的认识和了解。

2. 学生具备一定的分析语言材料和语言表达能力。

3. 学生具备一定的逻辑思辨能力。

学生能力结构分析：

终点目标

学会通过分析矛盾冲突的方法，来帮助理解话剧的主题。

通过对剧中矛盾冲突的分析，感受人物的不同个性。

1. 学生对剧本和话剧演出有一定的认识和了解。
2. 学生具备一定的分析语言材料能力和语言表达能力。
3. 学生具备一定的逻辑思辨能力。

起点能力

课堂教学过程：

课时：　第二课时　

教学事件	教学活动及策略	评析
一、激发学习动机	角色扮演：《茶馆》的第一幕，通过学生的亲身感受，展现学生对茶馆中不同人物的思考 说明与反思：通过角色扮演，激发学生深入分析剧本的兴趣	补充一些有趣材料，激发学生兴趣
二、回忆已知	1. 《茶馆》中出现的人物众多，分析一下他们之间有多少矛盾冲突？ 2. 这些矛盾冲突的根本，大家认为是什么？ 说明与反思：通过分析剧中人物之间的关系，找出剧本中最主要的矛盾冲突	巩固起点能力

教学事件	教学活动及策略	评析
三、学习新知	1. 常四爷与二德子。 ①矛盾冲突的开始： 常四爷：反正打不起来！要真打的话，早到城外头去啦；到茶馆来干吗？ 二德子：你这是对谁甩闲话呢？ ②矛盾冲突的加强： 常四爷：你问我哪？花钱喝茶，难道还教谁管着吗？ 二德子：你管我当差不当差呢！ ③矛盾冲突的巅峰： 常四爷：要抖威风，跟洋人干去，洋人厉害！英法联军烧了圆明园，尊家吃着官饷，可没见您去冲锋打仗。 二德子：甭说打洋人不打，我先管教管教你！ 主要矛盾在民众对于清政府的不满，没有能力也没有魄力去抵抗外来侵略者，让民众在民族感情和现实生活中处处受挫。 2. 常四爷与刘麻子。 常四爷：刘爷，您可真有个狠劲儿，给拉拢这路数。（将康六的女儿卖给庞太监做老婆） 刘麻子：我要不分心，他们还许找不到买主呢？ 常四爷：咱们一个人身上有多少洋玩意儿啊！老刘，就看你身上吧：洋鼻烟、洋表、洋缎大衫，洋布裤褂…… 刘麻子：洋东西可是真漂亮呢！我要是穿一身土布，像个乡下脑壳，谁还理我呀！ 常四爷：我老觉乎着咱们的大缎子，川绸，更体面！ 两人的冲突主要在于思想观念的不同，一个考虑问题只从是否有利于自己的利益出发，从不考虑道德上的要求，并且对于洋人是崇洋媚外的态度。另一位则有自己的道德操守，有浓厚的爱国情绪。 3. 常四爷与宋恩子。 宋恩子：刚才你说"大清国要完"？ 常四爷：我，我爱大清国，怕它要完！ 宋恩子：你不说，连你也锁了走！他说"大清国要完"，就是跟谭嗣同一党！ 常四爷：上哪儿？事情要交代明白了啊！	这个阶段是教学的重点时段

续上表

教学事件	教学活动及策略	评析
	宋恩子：你还想拒捕吗？我这儿可带着"王法"？ 常四爷：告诉你们，我可是旗人！ 宋恩子：旗人当汉奸，罪加一等！锁上他！ 两人的主要矛盾在于立场的不同：欲加之罪，何患无辞！宋恩子为了完成抓捕革命党的任务，捕风捉影将正直敢言的常四爷捉拿归案。 说明与反思：通过抓住戏剧三要素之一的"矛盾冲突"，能够让学生更快地筛选出剧本中的有用信息，帮助理解剧本的魅力	
四、归纳、总结	学生需要先抓住剧中的主要矛盾，再从主要矛盾着手，来分析其他人物之间的关系。 说明与反思：学生通过对剧本中几组矛盾冲突的分析，不仅把握了话剧的主题，而且对人物的个性有了深刻的体会	师生共同归纳出学习的规则
五、变式练习	话剧人物形象探讨：《茶馆》中各色人物 形式：分为四个大组，每组选择一个人物，根据人物在剧本中的台词,分析其人物形象。 ①王利发（茶馆老板）： 八面玲珑、谨小慎微、息事宁人、心地善良。 ②常四爷： 正直敢言、坚持原则、关心国事、体恤民生 ③秦仲义（茶馆房东）： 见利忘义、唯利是图、依附权贵、小富则安 ④庞太监： 思想落后、封建保守、泯灭人性、残酷无情 说明与反思：在茶馆这个集中的场景，各色人物纷纷登场，寥寥数语就将自己对于大清朝的灭亡与革命起义的立场和态度展现得淋漓尽致	运用规则策略性知识
六、作业检测	布置学生读《日出》的全剧，以小论文的形式展现陈白露在剧本中丰富的矛盾冲突，并揭示冲突的根源。 说明与反思：巩固所学知识，并考查学生的迁移能力	检测、反馈

参考文献

［1］ 张盼. 高中语文中国现当代散文教学研究［D］. 郑州：河南大学，2014.

［2］ 殷晓旭. 布卢姆认知理论视域下的高中现代散文课后练习设计研究［D］. 重庆：重庆师范大学，2012.

［3］ 李秀文. 现代散文教学研究［D］. 济南：山东师范大学，2014.

［4］ 王宁. 语文核心素养与语文课程的特质［J］. 中学语文教学，2016（11）.

［5］ 王云峰. 语文素养及其培养［J］. 中学语文教学，2016（11）.

［6］ 蔡建明，邱兼顾. 思维：一种新的语文核心素养［J］. 教育研究与评论：中学教育教学，2017（3）.

［7］ 范晓. 关于语言与思维的关系及其相关问题［J］. 语言科学，2003，2（6）.

［8］ 王荣生. 听王荣生教授评课［M］. 上海：华东师范大学出版社，2007.

［9］ 朱光潜. 朱光潜全集：第三卷［M］. 合肥：安徽教育出版社，1987.

［10］李泽厚. 美的历程［M］. 中国社会科学出版社，1984.

［11］宗白华. 美学散步［M］. 上海：上海人民出版社，2000.

［12］王国维. 人间词话［M］. 上海：上海古籍出版社，1998.

［13］王宁. 语文核心素养与语文课程的特质［J］. 中学语文教学，2016.

［14］周庆元. 语文教育研究概论［M］. 长沙：湖南人民出版社，2005.

［15］林格伦. 课堂教育心理学［M］. 章志光，张世富，肖毓秀，等译. 昆明：云南人民出版社，1983.

［16］中国心理学会发展心理、教育心理专业委员会. 发展心理、教育心理论文选［M］. 北京：人民教育出版社，1980.

［17］彭聃龄，张必隐. 认知心理学［M］. 台北：东华书局，2002.

［18］郅庭瑾. 教会学生思维［M］. 北京：教育科学出版社，2001.

［19］陈兰村. 中国传记文学发展史［M］. 北京：语文出版社，1999.

［20］万永翔. 高中语文核心素养与课堂教学［J］. 语文教学通讯高中，2017（6）.

［21］王光龙. 认识语文学科核心素养［J］. 语文教学通讯高中，2017年（6）.

［22］胡俊. 高中语文传记文学的教学策略［J］. 语文教学之友，2013（12）.

［23］刘菊红. 高中传记文学作品教学探究［J］. 中学教学参考，2016. 7上旬.

［24］梁启超. 梁著作文入门［M］. 北京：中国工人出版社，2007.

［25］永瑢，等. 四库全书总目［M］. 北京：中华书局，1965.

［26］孔翠哲. 高中传记文学作品的教学研究［D］. 石家庄：河北师范大学，2014.

［27］穆慧. 新课标高中传记文学教学研究［D］. 长春：东北师范大学，2011.

［28］周玉红. 戏剧剧本的阅读与鉴赏［J］. 作家，2009（18）.

［29］宋书琴. 漫谈戏剧文学的特点与鉴赏技巧［J］. 天津职业院校联合学报，2011，13（12）.

［30］中共中央　国务院关于深化教育教学改革全面提高义务教育质量的意见［EB/OL］.［2021-07-08］. https://www.gov.cn/zhengce/2019-07/08/content_5407361.htm.

［31］苏霍姆林斯基. 给教师的建议［M］. 杜殿坤，译. 北京：教育科学出版社，1984.

［32］切尔尼亚夫斯基，基德. 作业设计300妙招［M］. 李敏，杨全印，译. 上海：上海教育出版社，2020.

［33］钱伯斯. 说来听听：儿童、阅读与讨论［M］. 蔡宜容，译. 北京：北京联合出版公司，2016.

［34］黎小敏. 激发学习动机，促使学习自觉［J］. 中学语文教学，2006（7）.

［35］黎小敏. 语文课，应该教什么？［J］. 语文月刊，2012（3）.